子どもが危ない！

スピリチュアル・カウンセラーからの警鐘

江原啓之

集英社文庫

はじめに

あなたはこの社会に生きる子どもたちを愛していますか？

そしてあなた自身を愛していますか？

あなたは今、この社会に疲弊し、喘《あえ》いではいませんか？

今、社会では、少年犯罪の話題が跡を絶ちません。

神戸小学生連続殺傷事件や佐世保同級生殺害事件、その他、日に日に増えつづける少年犯罪。新聞やテレビでも、毎日のように報道がくり返されています。

大人たちは、そうした現実を前に、為す術《すべ》もなく、呆然《ぼうぜん》と立ちつくしているだけのように思えます。

「最近の子どもたちは怖いわ」

たちもいるのでしょう。

「近頃の子どもたちは変わった」

などという言葉で、すべての臭いものに蓋《ふた》をしているようにさえ思えます。

また、身近に事件が起きていないがために、それらを対岸の火事と思っている人たちもいるのでしょう。

しかしどうか現実に目を向けてほしいのです。それらは紛れもなく、私たちの社会で起きていることであり、また私たちの身近なところでも起きうることなのです。ただ、その場に居合わせなかっただけなのです。

犯罪以外にも、子どもたちのたましいの叫びは、日常至るところに現れています。非行、いじめ、ひきこもり、心の病など、数え上げればきりがありません。

そうした子どもたちが心にトラウマを抱えたまま成人すると、今度は自分の子どもに虐待をくり返してしまうなど、さまざまな問題を抱えることになります。そのため最近は、若い親たちによる児童虐待の事件が跡を絶たないのです。

スピリチュアル・カウンセラーとして、さまざまな人生の問題について相談を受けている私にとっては、これらは実に身近な問題です。子どもをめぐる問題に悩む人の多さには、いつも驚愕《きょうがく》させられてばかりです。

スピリチュアル・カウンセラーという私の肩書きに、「そんなあやふやな職業の人間に何がわかる」と、眉《まゆ》をひそめる人もいるかもしれません。「インチキ臭い輩《やから》が偉そうなことを言うな」、「医者や教育学者でもないのに、子どもの問題に発言する権利はない」と思う人もいるでしょう。

しかし私のもとには、現代の知恵ではどうにも解決の糸口を見つけられない人たちが相談に訪れました。医者や教育学者が、もしすでに本当の答えを見出しているのであれば、私などの門を叩《たた》く必要もなかったでしょう。

これが、現実なのです。

だからといって、私が魔法のようにすべてを瞬時に解決できるのかといえば、そうではありません。ただ、こうした現代の闇《やみ》の理由を述べることはできます。それは、私の超常的な能力から見出した答えばかりではありません。「たましいのカウンセラー」として直視してきた現実の数々から導き出したことでもあるのです。

人は、たましい（スピリット）を主体として生きています。心の問題がすべて脳に由来するものならば、脳外科手術により、世の中を平和に変えられるはずです。

しかしそうでないことは誰もが知っています。脳や心のすべての働きは、たましいが司《つかさど》っているのです。そのたましいのカウンセリングを実践している私だからこそ、みなさんに訴えられる「何か」があるのです。

大切なのは、みなさんがその現実を素直に受けとめてくださることです。光明ある社会を目指す実践を、一人ひとりがしてくださることが必要なのです。

テレビや雑誌も、社会問題を報ずることはできても、ではどうするべきかまでは言及できていません。有識者までが首をひねるばかりなのが現状のようです。

そうしているあいだに、また新たなる事件が起きています。

どうして、誰もが、この闇を食いとめようとはしないのでしょうか?

私がこの本を出した理由はそこにあるのです。現代の闇に、みなが手をこまねいている状態に、業《ごう》を煮やしたからなのです。こんな状態がこれ以上つづくくらいなら、この私が、微力ながらも社会に一石を投じたいと思ったのです。

私もこの社会に生きる以上、社会に対して責任があります。ですからこの本は、社会の一員としての私の訴えでもあるのです。

傲慢《ごうまん》ながら申し上げます。

現代の大人たちは、これらの闇を光に変える術を持ち合わせてはいません。社会の問題なぜならば、子どもに起きている問題のすべては、大人たち、または社会の問題の投影だからです。

生まれてくる子どもたちは、今も昔も何一つ変わってはいません。その子どもたちを、今のように育てた大人たちや社会に責任があるのです。

子どもたちに明るい未来をもたらそうとしても、その見本を示すことのできる大人や社会が存在しないに等しいのですから、これではどうしようもありません。

現代の子どもたちの問題は、まるで大人たちに「あなた方は間違っている」とばかり、警告を発しているように思えます。また、大人たちの姿を鏡のように見せつけてくれているようにさえ思えるのです。

どうか謙虚に、「どうしてこうなったのか」を見つめましょう。

そして、その問題点を素直に認めましょう。

その上で、これらの心の闇を光に変え、明るい未来を築く行動をとっていただきたいのです。

子どもに起きている問題のすべては、大人たち、または社会の問題の投影と申し上げました。

つまり、実は大人たちも、現代のあり方に疲弊し、苦しみもがいているのです。となれば、子どもたちの問題の意味を知ることは、大人たちをも救うこととなるのです。いわば、自分自身を救うことでもあるのです。

目次

第3章 子どもたちのSOS――「愛」が見えない時代の「力」信仰 89

子どもが危ない！

スピリチュアル・カウンセラーからの警鐘

第1章

子どもの未来を憂えるすべての大人へ

1　子どもたちは「変わった」のか

★さまよえる子どもたち

子どもにまつわるショッキングな報道を毎日のように耳にします。

子どもによる子どもの「殺人」。

子どもの「自殺」の増加。

「性」を売りものにする少女たち。

陰湿な「いじめ」のエスカレート。

すぐ「キレる」子どもたち。

増える一方の「ひきこもり」。

子どもを持つ親や教育関係者はもちろんのこと、身近に子どもがいない人もみな、子どもたちの未来、この国の未来を憂《うれ》えずにはいられない状況になってきています。

特に、ひと昔前には考えられなかったような、子どもたちによる残虐な事件が起きると、大人たちは震撼《しんかん》し、ただただ信じられないといった口調でこう嘆きます。

「最近の子どもはなんだか怖いわ」

「いい子でも危ないって本当かしら」

「私たちが子どもの頃は、こんなふうではなかったのに」

それらの言葉は、時に、今の子どもたちがまったく理解できない別の何かに変わってしまった、というふうにも聞こえます。

でも、果たしてそうなのでしょうか。

子どもたちは変わってしまったのでしょうか。

純粋で元気いっぱいの、生きるエネルギーに満ちあふれた子どもたちは、もうこの日本からいなくなってしまったのでしょうか。

★「たましい」から考える

有識者と呼ばれる人たちは、それぞれの専門的立場から、子どもたちをめぐる問題の原因を分析しています。しかしその答えのどれもが、「なるほど」と思わせつつも、私たちを根本から納得させてくれるものではないように思います。もしすでに決め手となるような答えが出ているとしたら、事態は少しでも好転に向かっているのではないでしょうか。しかし現状はとてもそうは見えず、むしろ闇《やみ》は深くなっていく一方に感じられます。

スピリチュアル・カウンセラーである私が本書を著《あらわ》す理由は、人間の本質は「たましい」であるという視点を、ぜひみなさまに持っていただきたいと願うからなのです。

目に映るこの世がすべてではなく「霊的世界」があることも視野に入れて、子どもたちに今起きていることを考えていただきたいと願うからなのです。

この世に生きるすべての人は、たましいを宿す霊的な存在です。肉体だけで生きている人は一人もいません。霊的世界で永遠の生命を持ったたましいが、この物質界を一定期間生きるために、肉体という物質を仮にまとっているのが、今の私たちなのです。

ですから人間にまつわること、とりわけ「心」に関することは、たましいの視点に立たないことには解明できないのです。

たましいなんて信じないという人は、こう言うかもしれません。

「心や感情の動きはすべて、肉体の一部である脳の働きによるものだ」と。

しかしそうではありません。その脳をも司《つかさど》っているのがたましいなのです。

たましいが震えるときに人は涙し、たましいが満たされたいときに人は愛を求めるのです。お金や地位を手に入れ、物質的に豊かになっても、たましいが寂しいままだと、人はいつまでたっても幸せを感じられないのです。

★私たちが生まれてくる理由

人間の本質は「たましい」であるということについて、もう少し詳しく解説させてください。このことは本書の大前提となる大事なポイントだからです。

私たちはみな、この世に生まれてくる前は、肉体を持たないたましいとして「霊的世界」にいました。そしてこの世を去る日には、また「霊的世界」に帰っていきます。このような旅を、私たちは何度も何度もくり返しています。

「霊的世界」は、たましいの真理、すなわち「霊的真理」と、本当の愛に満ちた、すばらしい世界です。その世界こそが私たちのたましいの永遠のふるさとであり、この世は一時の旅先にすぎません。また、私たちが「霊的世界」にいる限りない時間に比べたら、この世の一生の時間などあっというまです。

ではなぜ私たちは、わざわざ慣れ親しんだ永遠のふるさとを離れ、このような旅をくり返しているのでしょう。

それは、たましいを浄化向上させるためです。つまり濁りのないきれいなたましいになって（浄化）、成長していく（向上）ためです。

何度もくり返されるこの世の人生の中で、私たちはそのつど時代も国も性別も家族も異なる人生を歩みます。その中で多くの「経験」を重ね、たましいを震わす喜怒哀楽さまざまな「感動」を味わうのです。その「感動」とともに、私たちのたましいは、「霊的真理」や本当の愛に目覚めます。

たましいの浄化向上は、この積み重ねによって果たされていくのです。

ここで、首をかしげる人がいるかもしれません。「霊的真理」や本当の愛に気づくことでたましいが浄化向上できるなら、それはこの世に来なくても、「霊的世界」でじゅうぶん果たせるのではないか、と。

もっともな疑問です。しかし「霊的世界」において、当たり前のように存在している「霊的真理」や本当の愛に気づくことは、私たちが空気の存在に気づくことが難しいのと同じで、むしろ困難なことなのです。意識して気づいたとしても、なかなか「感動」にまでは至れません。

そこで私たちは、物質界であるこの世に生まれます。そして、たましいを本質とし価値をおく「霊的価値観」を見失い、お金やものなどをもっぱら重視する、いわば「物質主義的価値観」に陥りがちになります。肉体という「物質」にこもり、「霊的世界」の記憶のほとんどを失ってしまうからです。

逆説的なようですが、だからこそこの世は、「霊的価値観」に目覚め、たましいの浄化向上という大きな目的を果たすために、とても適した場所なのです。

私たちのたましいの究極の目的は、気が遠くなるほどの時間をかけて、この浄化向上をきわめ、やがて神のエネルギーと一体になることです。だから「霊的世界」にいるたましいは、この世に再び生まれ、みずからの成長のために数多くの「経験」と「感動」を積むことを切望しているのです。

★生まれるたましいはいつの時代も同じ

先ほどの問いに話を戻しましょう。

「子どもたちは変わってしまったのでしょうか」

いいえ、変わっていません。子どもはいつの時代も同じ子どもです。生まれたての子どものたましいは、時代の変化にかかわりなく、いつも純粋で元気いっぱいです。

これから始まる一生の中で、いろいろな経験をするぞ、泣いたり笑ったりしながらたくさんの感動を味わい、たましいを磨くぞと、希望をふくらませ、意欲満々で生まれてきているのです。

そんな子どもたちを、若い苗木と想像してみてください。

苗木の生育ぶりは、植えられた場所の環境によって異なります。同じ樹種の木でも、都会の国道の街路樹として植えられた木と、山あいの森で自然に育っている木とを比べると、その生育ぶりは年月を経るほど大きく違ってきます。

人間もまた環境の影響のもとで育つ木のようなもの。時代が変わり社会の価値観が変われば、育ち方も違ってくるのは、当たり前すぎるほど当たり前な自然の道理なのです。

まして子どものたましいは非常に純粋で、驚異的なまでの順応性を持っており、自分が生きていくこの世のことは、何もかも貪欲《どんよく》に吸収しようとします。

また、幼少のうちは自己保存の本能も強く働くため、身近な大人、とりわけ親に自分の価値観を合わせ、親の望むような子どもに育とうとします。

つまり子どもたちの変化は、大人たちの変化、社会の変化のそのままの反映なのです。

★子どもの問題が意味するもの

そうなると、「今の子どもはさっぱり理解できない」と嘆いている場合ではないとわかるはずです。子どもたちの問題は、私たち大人が自分たちの問題として正面から見つめなければなりません。問題のもとは大人たちが作り上げてきた社会にあるのですから。

すべてのたましいが究極的には一つにつながっているというスピリチュアルな立場から見ても、昨今の子どもの問題は、誰もがわが身に引きよせて考える必要があります。

とはいえ、今の社会を見つめ直すのはなかなかに大変な作業です。私たちが当たり前のものと信じている価値観も一朝一夕《いっちょういっせき》にできたものではないからです。もはや客観的に見つめることも難しいほど、私たちの血肉と化してしまっているかもしれません。

それでも私は、子どもの未来を憂えるすべての大人に訴えかけたいのです。

このままでいいのでしょうか。

昔と変わらず、本質的には純粋でかわいらしい子どもたちが、闇に向かうのを放っておいていいのでしょうか。

「怖い」、「理解できない」と言うだけで、彼らの苦しみを見過ごすのでしょうか。見過ごさないまでも、何か問題が起こるたびに応急措置を施《ほどこ》すだけの「くさいものに蓋《ふた》をする」式の解決策で、果たして子どもたちは救われるのでしょうか。

★子どもがほしいのは本当の愛

冒頭に書いたようなさまざまな問題を起こしている子どもたちに共通していることがあります。

みんな、愛がほしいのです。人間の本質はたましいであり、たましいを満たすものはただ一つ、愛だからです。

もちろん、問題を起こしている子どもたちばかりではありません。今の大多数の子どもは、愛に飢えているどころか、本当の愛がどういうものかさえ知らずに育っています。

今現在、親となっている世代ですらそうだと言えるでしょう。わが子の愛し方を知らず、虐待に走ってしまう親が増えていることからも、それはよくわかります。

子どもも大人もさまよっているのです。

人間が愛なしに生きられる存在なら、これほどさまようことはないでしょう。でも人間の本質からして、それは無理なのです。

愛は、人間だからこそ求め、感じとり、発揮できるエネルギーなのです。

愛だけが、子どものたましいを育てます。

愛だけが、子ども自身のたましいが持つ「愛の種」をも育《はぐく》みます。

見せかけの愛、間違った愛ではなく、本当の愛を子どもたちに注ぎましょう。

そして、それができる大人に成長しましょう。

私たちのたましいのふるさとである霊的世界も、そう切に願っています。

2　人間の感性が無機質になっている

★物質主義的価値観の時代

今の世の中に浸透している価値観とは、一言で言って「物質主義的価値観」です。これは、人間の本質はたましいであり、人間にとってたましいを満たす愛こそが一番大切だとする「霊的価値観」、あるいは「精神的価値観」の対極にあるものです。

物質主義的価値観という言葉にある「物質」は、目に見えるもの、客観的にわかるもの、数量を測れるものを指します。この世に生きる間にだけ価値があり、死んだら意味がなくなるもの、ととらえてもいいかもしれません。

物質主義的価値観では、そうした「物質」、たとえばお金、地位、名誉、学歴などの物質的な豊かさに至上の価値をおきます。私たちの肉体も物質ですから、美貌《びぼう》や健康にこだわりすぎることも一種の物質主義的価値観と言えるでしょう。

もちろん、この世は物質界ですから、百パーセント霊的価値観になってしまったらそもそもこの肉体を保って生きられませんし、物質主義的価値観を持つからこそ、人はたくさんの「経験」と「感動」をして成長していけるのだとも言えます。

問題は、物質主義的価値観に、あまりに多くの比重をおいてしまう場合です。物質主義的価値観に過度に陥ってしまうと、目に見える物量の多さがすべてのものごとの秤《はかり》になります。お金は少ないより多い方が、地位はないよりもあった方が、しかもできるだけ高い方がいいとなるのです。そして他人を見るときも、お金をどれだけ持っているか、どれだけ優秀か、社会的地位はどのくらい高いか、有名かどうかなどで判断するようになってしまいます。

愛のように大切なものであっても、目に見えなければいつのまにか疎《おろそ》かにするようになります。物質というものは、どれだけ得てもこれで満足とはなりにくいため、いつまでたっても心が満たされない、虚《むな》しい人生ともなりがちです。

残念ながら、今の日本はまさに物質主義的価値観の王国です。

日本は無宗教の国だと言われますが、果たしてそうでしょうか。一億二千万人の国民が「物質」教の信者で、「物質」という神様を信仰していると言えないでしょうか。

初詣《はつもうで》などでの願いごとと言えば、物質面で豊かになることや、誰の目にも見えるような成功。高価なもの、贅沢《ぜいたく》な暮らしに目をきらきらさせて憧《あこが》れるその姿は、偏った宗教を妄信する人と何ら違いはありません。ただ、偏った宗教と違って、まわりの人々も同じ「物質」教を信仰しているために、みずからの信仰に気がつかないだけです。

この虚しい物質主義的価値観が子育てという営みにも浸透するとどういうことになるのか、そしてなぜ今の日本がここまで物質主義的価値観に侵されてしまったのかは、第2章で改めて考えていきたいと思います。

ここでは、物質主義的価値観に侵された私たちのたましいに、今何が起きているのかを見ていきましょう。

スピリチュアルな世界の専門用語も多少出てきますが、本書を読んでくださるみなさまにぜひご理解いただきたい非常に重要な問題を含んでいるので、できるだけわかりやすく解説していきたいと思います。

★「人霊」と「自然霊」

この世にはさまざまな「たましい」が共存しています。

私たち人間のたましい、つまり「人霊《じんれい》」もその一つ。

「動物霊」、すなわち犬や猫などの動物のたましいもいます。

いわゆる「霊的世界」もこの世と重なり合っているので、肉眼には見えないたましいも、私たちのまわりに無数にいます。そのうち、物質での「姿かたち」を一度も持ったことのないたましいを「自然霊《しぜんれい》」と言います。

身近なところでは、古くから民間信仰の対象として広く知られている「お稲荷《いなり》さん」が、自然霊のわかりやすい例でしょう。別名を「狐霊《これい》」と言いますが、動物の狐《きつね》の霊とはまた別のものです。自然霊のお稲荷さんは、狐のような性質を持つ霊的エネルギー、あるいはそのような姿に霊視される霊的エネルギーと考えるといいと思います。

龍神、天狗《てんぐ》などと言われる存在もみな自然霊です。花や草木に宿っている妖精《フェアリー》も、小さな自然霊の一種です。岩石などの鉱物にも自然霊は宿っています。

昔の人たちは、そうした自然霊のエネルギーに畏敬《いけい》と感謝を抱き、調和をはかりながらともに生きていました。

自然霊にも、高級なもの（高級自然霊）から低級なもの（低級自然霊）までさまざまな段階があり、私たちが「神」と呼んでいるエネルギーは、高級自然霊の中でも最高級の自然霊です。

これに対し、低級自然霊としては、昔から「狐憑《つ》き」と呼ばれる霊障《れいしょう》で人間に悪戯《いたずら》をしてきた、未浄化な「狐霊」がいい例です。

★自然霊には人霊のような情愛がない

この未浄化な低級自然霊たちが、今という時代、日本じゅう、いや世界じゅうに、はびこっています。

世界じゅうの人間たちが、これまでの長い歴史の中でさまざまな恩恵をもたらしてくれていた自然霊界に対する感謝の気持ち、いわば自然霊への信仰を失い、むしろ粗末にするようになってしまったことが大きな原因です。

人類のそうした傲慢《ごうまん》さのため、高級自然霊はこの世から離れてしまいました。見捨てたのではありません。低くなる一方のこの世の波長に調和できなくなり、ついにはいられなくなってしまったのです。結果、中級以下の自然霊ばかりが残ってしまいました。

自然霊には、疎かにされると、まるで人間の子どものようにグレて低級化していくという特徴があります。ですからこの世に残った自然霊たちはどんどん低級化し、しかも増え続けて、わが世の到来とばかり、この世にのさばる一方になっています。そして同じく低俗な心境に陥っている人間の波長に感応し、ぴったり同化していきます。するとその人は、低級自然霊の性質に支配されるようになります。

この同化が増えていくと、私が今一番憂えている「人霊の自然霊化」、より正確に表現すると、「人霊の低級自然霊化」がどんどん加速していきます。

人霊が低級自然霊化することを、私がなぜ強く憂えているのか。

それは自然霊の性質を知ることで、ご理解いただけると思います。

人霊と自然霊の最大の違いは、その増え方にあります。

人霊は、母親がお腹《なか》を痛めて子どもを生むことによって増えていきます。ですから、親子間には特別な情愛が通い合うのです。たとえ憎み合い、衝突し、ついにはお互いを遠ざけるようになっても、親は子を生涯思い続け、子も親を特別に思い続けるものです。人間の親子には切っても切れない絆《きずな》があり、憎しみを超えた理屈抜きの情愛が通っているからです。それが人間という生きものなのです。

人間は、血縁のない他人にも「人情」を抱きます。悪いことをされた相手に「悪気はなかったのだから大目に見てあげよう」などと情状酌量《じょうじょうしゃくりょう》するのも人情があるからです。人間はまた、「憎いのに忘れられない」といった割り切れない感情を抱えることもあります。そうした矛盾に悩むのも人間ならではなのです。

なにごとにも白か黒かにクールに割り切れず、濃淡さまざまなグレーゾーンを持たせるのが人間の感性だと言えるでしょう。

これに対して自然霊は、「分霊《ぶんれい》」といって、分裂することによって増えていきます。

そのため人霊のような理屈抜きの情愛がありません。血肉を分けての絆がないので、人間の親子にあるようなウェットな感性とはもともと無縁なのです。

ですから、いいものはいい、悪いものは悪いという、白か黒かのきわめてデジタルな判断をくだすのが特徴です。

「お稲荷さん」への民間信仰の中で、「お稲荷さんに願いを叶《かな》えてもらったときは、きちんとお礼参りをしないと痛い目に遭《あ》うよ」と昔から言い伝えられてきたのは、自然霊特有のこうした性質ゆえです。与えたものの見返りは必ず得ようとするお稲荷さんの発想には、「自分を祀《まつ》ったから助ける」か「礼をしなければ祟《たた》る」という両極端のどちらかしかないのです。

ただ、だからといって「お稲荷さん」をいたずらに恐れるのも間違いです。お稲荷さんが霊障を起こすのは、霊的世界に依存して自分の欲を満たそうとし、しかも感謝さえしなかった人間の甘えに対する、いわば報いです。物質的な願いを叶えるために、霊的世界をも利用しようとした低い想念に、後述する「因果《カルマ》の法則」が当然の結果をもたらしているだけ。ですから、霊障を招いた波長の低さこそ反省しなければならないのです。

★無機質な感性の蔓延

ところが今、人霊と自然霊のそうした違いが曖昧《あいまい》になりつつあります。人間も、白か黒のどちらかしかないという自然霊的な無機質さを帯びつつあるのです。やられたらやり返す、殺されたから殺すというデジタルな考え方は、戦争を当然のように肯定する感性にもエスカレートしていきかねません。

人間の感性の無機質化は、昨今の殺人事件のニュースからも、じゅうぶん感じとれるのではないでしょうか。

ひと昔前の殺人事件は、憎しみや葛藤《かっとう》という人間くさい感情がきわまって起きるものでした。犯人の供述も「やむにやまれず殺してしまった」という類《たぐい》のものが大半でした。裏にある事情や、犯人の心情を知れば知るほど、多少の同情の余地があるケースも少なくなかったのです。

ところが最近の殺人犯の言い分はどうでしょう。「むしゃくしゃしていたから殺した」、「誰でもよかった」、「殺人というものを経験してみたかった」といった、理由らしい理由のないものばかりです。ホームレスの人を、「汚いから」というだけの理由で殺した少年たちさえいました。まさに情け容赦《ようしゃ》なく、血も涙もない、低級自然霊そのものの言葉を聞いているかのようです。

「人霊の低級自然霊化」は、なんとしても食いとめなければなりません。急がなければ、この世はますます恐ろしいところとなってしまいます。今この時代でさえ「たましいの乱世」と呼ぶべき荒廃ぶりなのに、これ以上人間が人間らしさを失っていったらどうなってしまうのでしょうか。

現実を見渡すと、そんな危機感をよそに、「人霊の低級自然霊化」をますます助長するようなものが世の中にあふれています。

十年近く前に一世を風靡《ふうび》した、携帯型ゲームを覚えているでしょうか。

画面の中でキャラクターを育てていくというゲームでした。エサをあげて面倒を見ながら、その成長に一喜一憂するという趣向が面白がられ、当時爆発的に流行しました。

私はその大流行に強い危惧《きぐ》を抱きました。非常に自然霊的な感性を感じたからです。「子どもを育てる」という感性を、無機質でデジタルな遊びと結びつけるのはとても危険なことです。思うように育たなければリセットもできるこのゲームの感覚を、現実の子育てに知らず知らずに持ち込む親が出てこないとも限らないと思ったからです。

今思うと、「人霊の低級自然霊化」に対する私の危機感は、あのゲームが流行した頃からいっそう強まったように思います。

「まあまあ、あれはゲームなんだから」と笑う向きもあるでしょう。

けれども最近のニュースに頻出している児童虐待事件を聞くたび、私は子育てという人間のかけがえのない営みに、血も涙もない自然霊的感性がいかに蔓延《まんえん》しているかを痛感せずにいられません。

「なかなか食べないからカッとして殴った」

「泣きやまなかったから壁に投げつけた」

そんな言葉を聞くと、私はあのゲームの流行を思い出してしまいます。

そして当時、渋谷駅で聞いた若いカップルの会話がよみがえってくるのです。

二人はそのゲームをしながら楽しげに笑い合い、こう話していたのでした。

「こいつ、ぶさいくになっちゃったから殺しちゃおう」

「わあ、ほんとだ。殺しちゃおう。あははは」

3 私が提言したいこと

★「親子」は人生最大の学び

本書を通じて私が提言したいことは主に二つあります。

その一つが、親子関係を見直すことです。

今の子どもたちの問題を、行政や教育当局などの「お上《かみ》」に改善してもらわなければ、と思う人はとても多いのではないでしょうか。しかしそれは間違った姿勢です。人まかせではだめなのです。

大切なのは、一人ひとりが自分の家庭、特に親子関係をしっかりと見つめ直し、本当の愛が通い合う場として充実させること。一番身近な親子の絆を強めることこそ、結果的に世の中全体の浄化につながるのです。

もっとも、ともに生きる家族がいない人も大勢います。けれども、今は独りで暮らしていても、親のない人はいないはずです。人間が人間のお腹から生まれる生きものである以上、誰でも生涯に少なくとも一つは「親子関係」を持っているのです。この「誰でも親を持つ」というところに、実は霊的世界の大きな意図があります。つまり、人間がもっとも深く愛を学べる場として、「親子」という仕組みはあるのです。

そもそも人間がこの世に生まれてくるのはなぜかと言うと、「愛」を学ぶためです。

毎日さまざまな経験をし、人とふれ合い、喜怒哀楽の感動を重ねているのは、すべて本当の愛とは何かを理解するためなのです。

本当の愛のことを「大我《たいが》の愛」と言います。これは、見返りを何も求めない無償の愛です。人生の目的とは、「大我の愛」に目覚め、「大我の愛」あふれるたましいとなること、これに尽きるのです。

しかし私たちが通常「愛」と呼ぶものは、残念なことに、本当の意味での愛とはほど遠く、見返りを期待する愛、打算を含んだ愛が、大半です。こんなに愛しているんだから私を愛してほしい。愛した分だけ何か返してほしい――。結局はわが身かわいさからくるこうした自己保存的な愛を「小我《しょうが》の愛」と言います。

私たち人間は、どんなに「大我の愛」を心がけていても、どうしても物質にしばられた「小我の愛」に傾いてしまいがちです。何もかもが有限な物質界に生きる以上、それは避けにくいことでもあります。食糧も、土地も、お金も、寿命も限りがある。となれば自己保存を第一に考えてしまうのが、弱い人間の常なのです。

私たちのたましいは、物質界ならではのそうした枷《かせ》を負った上で、自分の中の「小我の愛」を少しでも「大我の愛」に変え、「大我の愛」をふくらませていくという難しい学びに挑んでいるのです。

その学びの中でも最大の学びが「親子」という人間関係です。親が子を生み、育てる。この営みの中で発露される愛は、人間が持つ愛の中で、もっとも「無償の愛」に近いものだからです。

★「光と闇の法則」

では、親が身近にいない子ども、たとえば母親が出産後すぐに他界してしまった子どもや、両親の離婚などで親と生き別れになっている子どもは、両親と暮らす子どもに比べて「親子関係」をじゅうぶんに学べないのでしょうか。

決してそんなことはありません。現実に親がそばにいるかどうかはさほど重要ではないのです。たとえ母親の顔を知らない子どもでも、母親との間に、誰も断つことのできない強靭《きょうじん》な絆を持っています。なにしろ九カ月も母子一体の状態でいたのです。その間にあったたましいの通い合いは、一生涯どころか永遠に消えることはありません。

親がそばにいないからこそ理解できることもあります。

「まぶたの母」の数少ない思い出をあたためため、その面影に寄り添うような気持ちで生きている人は、生きてそばにいる親とけんかばかりしている人よりも、母親のぬくもりのありがたさをよく知っていたりします。

私を通じて霊界のメッセージをいつも送ってくださる、私の指導霊である昌清之《まさきよの》命《みこと》は、こう語っています。

人生の学びは、すべて「光と闇」である——と。

ものごとには、昼と夜、男と女、生と死など、つねに二つの面があり、両面いずれからでも結果的には同じことを学べるという意味です。

これを「光と闇の法則」と言い、人生のいかなる学びにもあてはまります。

たとえば、自然のすばらしさを知るという学びを例にとると、自然の中へ出かけていき、「ああ、自然っていいなあ」と実感するのも一つの学び方です。

逆に、ごみごみした都会で汚れた空気を吸いながら、「ああ、自然が恋しいなあ」と想うのも一つの学び方です。

真理というものは一つしかないので、どちらから学ぼうと、必ず同じ真理に行き着けるのです。

★子どもを抱え込んではいけない

親子関係の見直しについては、第２章、第４章でさらに掘り下げたいと思います。

もう一つ、私が本書で声を大にして提言したいことがあります。

それは、「かわいいわが子には旅をさせよ」ということ。要するに、子どもを家族以外のさまざまな人にふれさせましょう、ということです。

すでに書いたように、人間は愛を学ぶ目的で生まれていますが、愛は一人きりで学べるものではありません。「切磋琢磨《せっさたくま》」という言葉があるように、多くの他人とのふれ合いを通じてこそ、たましいは磨かれ、愛を学べるのです。

ペットなどの動物とのふれ合いによって情操を育むのもとてもいいことです。草木や花を育てながらもやさしい心は育めます。しかし、人霊は人霊同士のふれ合いの中で学ぶのが、何よりの学びになるのです。

ひと昔前までは、この日本にも随所に「他人とのふれ合い」がありました。近所の家に縁側からおじゃましたり、隣の子どもにご飯を食べさせたりといった情景は、ごく日常的に見られたものです。

ところが今は、たとえ隣の家でも鉄の扉の向こうはまったくわからないのが普通で、これはもう都会に限った話ではないようです。「核家族化」が進んでいるばかりでなく、どの家も「孤立化」してしまっているのです。

子育ても、家族の中だけで完結していることが非常に多いようです。

しかし親がわが子を家庭内だけに抱え込んではいけないのです。そこには必ずさまざまな問題が生じてくるからです。今かなりの数にのぼるといわれるひきこもりなどは、そのために起こる問題の典型例と言えるでしょう。

抱え込んでしまう理由は、ほとんどが親のエゴです。子どもを自分の私有物、あるいは自分の作品のように思っているから、他人にふれさせたくないのです。わが子が他人から注意されたり、けなされたりしようものなら、自分自身を否定されたかのような過剰な反応をしてしまう親が多いのもそのためです。

「わが子」と言ってもたましいは親とは別です。血のつながりがあるというだけの理由で私有物のように思ってしまうのもまた、物質主義的価値観による誤りなのです。

私有物のように思ってしまう心理には、わが子を心のよすがにしている親自身の寂しさもあるのでしょう。

これは子どもを虐待する親にも言えます。虐待をくり返す親たちは、子どもを愛せない、子育てが煩《わずら》わしいと言っていじめながら、なぜその子を手放さないのでしょう。福祉関係の施設なりに相談したり、一時的に預かってもらったりした方が、親子双方の今後にとっていいはずです。手放さないのは結局、自分だけを頼りにしている子どもを手もとにおくことで、実は自分自身の寂しさを癒《いや》すためなのではないでしょうか。虐待という行為だけ見ると、とてもひどい、心ない親にしか見えませんが、その心の内には子どもにしがみつき、依存してしまう弱さを抱えている寂しい親が少なくないのです。

★外に出してこそわかること

子どもを真に愛するならば、小さいときからたくさんの他人にふれさせましょう。

親と言っても人間ですから、いつもいいお父さん、お母さんでいるのは難しいことです。病気にもなるし、精神的に不安定になることもあります。共働きせねばならず、子どもをかまっていられない時期もあるでしょう。そういうとき、子どもを委《ゆだ》ねられる人間関係が家の外にあるのとないのとでは、子育てに持てるゆとりはまったく違ってくると思うのです。

「そうはいっても、うちの子が外でつらい思いや理不尽な思いをするのは耐えられない。この子を一番愛している私が、いつもしっかり見ていてあげたい」

そんな声も聞こえてきそうです。

しかし、それは果たしていいことでしょうか。つらい思いを一切させない「無菌状態」で育てることが、その子の本当の成長につながるでしょうか。

けがをさせられるくらいの「いじめ」に遭うのは確かに心配です。しかし、子ども同士のかわいらしいレベルのけんかによって心の葛藤を味わうこともまた、子ども時代には必要な経験と言えないでしょうか。

家庭の中で愛を注がれ続けるだけの子どもが、愛を感じとれる人間に育つとは言いきれません。むしろそれが当たり前になってしまい、愛がわからない人間になってしまう危険性もあるのです。

ですから親は過敏にならず、子どもをなるべく外に出してあげましょう。少しくらい傷ついても、子どもというものはたくましく立ち直る力を持っています。それに、傷つき、また乗り越えるという経験は、子どものたましいの成長に、単によいことというより、必要なことです。

「傷つく」という言葉は、スピリチュアルな視点では「磨かれる」と同義語です。玉石を磨くには、やすりを使って表面にたくさんの細かい傷をつけます。人間のたましいもこれと同じで、たくさんの傷を受けることで輝きを増していくのです。人の心の美しさだけでなく醜い面も知ることで、本当の愛とは何かを学んでいけるのです。

子どもにとって多くの他人とふれることは、家庭のありがたさを認識することにもつながります。外で切ない思いをしたときにこそ、無条件で愛してくれる親のあたたかさを知るのです。誰よりも自分を愛してくれているのは親だと実感するのです。これは、家の中だけで抱え込まれて育った子どもには、絶対にわからないことです。

ひと昔前の子どもは、外でいやなことがあると、家に帰って親にとびついて泣いたものです。親が自分を一番わかってくれているという安心感があったからです。そして、安心できる家庭があったからこそ、泣きながら帰ってきたこともけろりと忘れ、また元気に外に飛び出していけたのです。

★今、スピリチュアル・カウンセラーとして

私の著書に『江原啓之のスピリチュアル子育て』（三笠書房刊）があります。その中で私は、スピリチュアルな視点から子育ての意味を定義し、人霊にとってのその意義深さについて書いています。

「あなたは子どもに選ばれて親になりました。その誇りと喜びをもって日々の子育

てに励みましょう」

「お母さんは家族の太陽です。子どもに一生分の愛を注ぐ気持ちで育てましょう」

本全体にこめたこうしたメッセージにより、孤独な子育てに行きづまっていた全国のお母さんたちに勇気を与えることができ、この本はおかげさまで今ではロングセラーとなっています。

私は小児科医や児童心理学者といった子育ての専門家ではありません。有名な作家や芸能人でもありません。そんな私の著書がこれほどまでに読まれているのは、たとえ霊的世界を信じないお母さんが読んでも、たましいに染み込む内容だったからではないかと確信しています。人間の本質はたましいなので、たましいに訴えかける話を聞くと、頭が信じようが信じまいが、たましいが震えるのです。

特に、子育てとは何かという定義を明らかにしている点が、お母さんたちに強く訴えかけたのでしょう。日々の子育てがどんなに大変でも、たましいの視点からその意義が深く理解できたことで、励みが得られ、苦労と思っていたことも喜びに変わったのだと思います。

ほかにも私の数々の著書がベストセラーとなっているという現象に、私は物質主義的価値観の時代の行きづまりを見てとります。これはある意味で、物質主義的価値観のもとでは権威のある人々への信頼が崩れつつあることを表している気がするのです。

立派なことを語っていても、私生活では学生にセクハラをしているような学者。金脈も異性関係も乱れきった政治家。心の弱った人々を食いものにする宗教家。もちろんすばらしい人格を持った学者、政治家、宗教家も大勢います。しかし例外もいるとわかった以上、「偉い人」を簡単には信じられない時代になっているのです。それに、学問や政治は、本書のテーマである子どもたちの心の荒廃については、決め手となる答えを出せていません。

人々はこんな時代だからこそ、本当に信じられる何かを求めているのだと思います。霊的世界の存在を自分の肉眼で確認できなくても、私の著書を熱心に読んでくださる人たちが大勢いらっしゃることは、その表れにほかならないと思うのです。

今の子どもたちの心を理解するには、スピリチュアルな視点が欠かせません。物質主義的価値観に立ったままでは、たましいの問題は解けないのです。

子どもの問題の専門家でもない私が本書を著す決意をしたのは、以上のような理由からです。子どもたちの苦悩を「たましい」の視点から見ているスピリチュアル・カウンセラーとして、そして一人の父親として、もう黙ってはいられなくなったのです。

第2章

打算の愛、無償の愛
——日本の子育てはこう変わった

1　子育ては「たましいのボランティア」

★子どもは親の私有物ではない

ここで、スピリチュアルな視点から見た子育ての意味に簡単にふれておきましょう。

子育てとは、一言で言って「たましいのボランティア」です。

霊的世界には、これからこの世に生まれて「大我《たいが》の愛」を学び、みずからを浄化向上させたいと切望しているたましいが、無数に待機しています。

そんなたましいたちの願いは、この世に肉体を持っている人間がお腹《なか》を貸して生んでくれない限り、永遠に果たされません。

ですから、親になって、一人でも多くの人間をこの世に誕生させてあげることは、それだけでも霊的世界に対する尊いボランティアとなります。すべてのたましいは究極的には一体なので、一人のたましいの成長は霊的世界全体の浄化向上につながるからです。

親子になるたましい同士には並々ならぬ深い縁《えん》があります。ある子どものたましいが、ある一組の親のもとに生まれてくるのは決して偶然ではありません。子どものたましいは、はっきりとした目的を持って親を選んでくるのです。「このお父さん、お母さんのもとで育つのが、自分にとって何よりの学びになる」と。

しかしこの世に生まれると、子どもはすっかりそのことを忘れてしまいます。

親も親で、子どもを自分の私有物のように思ってしまいがちです。しかし、たとえ自分のお腹を痛めて生んでいても、子どもは親とはまったく別個のたましいです。赤ん坊として今回の生を享《う》ける前にも、その子はその子独自の長いたましいの歴史を持っているのです。

ですから親は、霊的世界から「預かっている」という気持ちでわが子を育てていきたいものです。

★親としてしてあげられること

生まれてきた子どもに、親は何をしてあげられるのでしょうか。そして、何をしてあげるべきなのでしょうか。私は主に二つあると考えています。

一つは、社会のルールを教えてあげること。自動車学校で交通ルールを身につけないと路上に出られないのと同じで、この世のルールを知らなければ、この世の社会でのたましいの学びはうまく果たせません。日々のしつけや教育を通じて、子どもが今後生きていく社会のルールを教えてあげるのが親の務めの一つです。

二つめは、愛情をたっぷり注いであげること。こちらはもっと大切です。注ぐ愛情は、もちろん本物の愛でなければいけません。「親の思いどおりに育ってくれているからかわいがる」、「できがいいから愛する」といった条件つきの愛は、本物の愛、すなわち「大我の愛」ではなく、物質主義的価値観に毒された「小我《しょうが》の愛」です。

子どもがどんな子であれ、無条件に愛する本物の愛こそが、子どもたちに生きる力を与えるのです。

人間は、愛に満たされてこそ本来の力を発揮して生きていける、いわば「愛の電池」です。子どもの「愛の電池」がいっぱいになるよう愛情を注ぎながら、社会のルールを教え込むのが子育てなのです。

こうして考えると、子育ては、「パピーウォーカー」の名で知られる、盲導犬を育てるボランティアに本当によく似ています。

盲導犬としての訓練が始まる前の生後約二カ月の子犬を預かり、里親として育てるというこのボランティアでは、里親は子犬を預かる十カ月から一年の間、徹底的にしつけをしつつ、ひたすら愛情を注いで育てます。将来立派な盲導犬として働けるように、「愛の電池」をしっかりと充電してあげるのです。そして訓練の開始時期が来たら、どんなに寂しくとも、今後の活躍を祈りながらお別れします。

子育てもこれと同じで、子どもが一人前になるまでに愛情を惜しみなく注ぎ、その後の長い人生をしっかり歩める力をつけてあげることが一番大切なのです。

スピリチュアルに見ると、人間の「たましい」が一人前になる年齢、つまり自分自身でものごとを判断し、自由に動けるようになる年齢は、だいたい十二歳から十五歳です。親としてできる「たましいの子育て」はそこまでです。それ以降は、親は盲導犬の里親のように、子どもを手放してあげなければなりません。いつまでも子どもを猫かわいがりし、手もとに抱え込んでいては自立を妨《さまた》げるだけです。

もちろん今の日本社会では、この年齢ではまだ経済的に独立できませんから、しばらくは同居生活が続くでしょう。食事を作ってあげる、授業料を出すなど、物質面での援助も必要です。しかしそれは「スポンサー」に徹して行うべきことです。精神面では「大我の愛」を変わることなく注ぎながらも、安易には手を貸さず、別個の人格を持った大人として尊重し、見守るべきなのです。

十二歳から十五歳をすぎたら、親はみずからを子どもの銀行員と考えましょう。わが子が「お金が必要だ」と申し出てきたら、なぜ必要なのか、どれくらい要《い》るのかを、銀行の融資係のように子どもと話し合いながら審査するのです。そして、本当に必要なことなら必要な分だけあげればいいのです。

★教育とは、真理を育むこと

私の指導霊である昌清之命《まさきよのみこと》は、教育について、このように語っています。

「教育とは、教え、育てることではない。教えを育《はぐく》むことである」と。

この言葉の後半にある「教え」とは、どういうことを指すのでしょう。

それは一言で言って、「生きることの真理」です。人はなぜ生まれ、いかに生きるのかを示す「霊的真理」のことです。

より端的に言うと、「教え」とは「愛」です。人生の最大の目的は「大我の愛」を学ぶことだからです。

社会のルールを教え、「愛の電池」を一生分充電してあげる。親のその働きが「大我の愛」によって行われていれば、子どもの「大我の愛」はおのずと育まれていきます。

また、親子には葛藤《かっとう》がつきものです。日々ぶつかり合い、心配や迷惑をかけ合い、ときには憎しみ合うこともあるのが親子関係というもの。大事なのは、そうした葛藤の中でお互いに真の答えを見つけていき、ともに反省し、理解を深め合うことです。これらがすべて「大我の愛」を基準に行われていれば、結果的にはまさに「切《せつ》磋琢磨《さたくま》」で、お互いのたましいを高め合えたことになります。

昌清之命はそのことを、「教育とは教えを育むことである」という言葉によって示しているのです。

昌清之命が「教え」を、「与える」ではなく「育む」と語っている点にも注目してください。子どもは、親が「与え」なくてももともと「大我の愛」の種を持っていることが暗示されています。人霊《じんれい》である限り、「大我の愛」すなわち「神我《しんが》」は必ずたましいの中に持っているのです。

親にできるのは、みずからの「大我の愛」を注ぐことにより、子どものたましいにある「大我の愛」を芽生えさせてあげることなのです。

すでに書いたように、人間が持つ愛の中で、親が子どもに注ぐ愛は、もっとも「大我の愛」に近いものです。本来の子育ては、親の「大我の愛」と子の「大我の愛」とが共鳴し合う、すばらしいものなのです。

★親も子どもに育まれる

親もまた、子育てによって「大我の愛」を育まれ、一人前の親になっていくものです。子育てというボランティアをしているうちに、自分の方も知らず知らずにたくさんのことを学ばせてもらえるのが子育てのすばらしさなのです。

生物学的には、子どもを生んだときが「親」になるときでしょう。しかし精神面ではそうはいきません。子どもを生んでからの数々の苦難を乗り越えながら、だんだんと「親」になっていくのです。

子育ての経験者はよく「子どもを育てることによって自分も成長した」とか、「子どもには逆にいろいろと教わることが多い」などと言います。

そうした言葉を聞くと、私はそうした言葉を聞くと、私はマザー・テレサの言葉を思い出します。

マザー・テレサは、「貧しい人たちに無償の愛を注ぐあなたは、本当にすばらしい方ですね」などと言われると、「いいえ、私の方こそ彼らからいっぱい教えていただいているんですよ」と答えたそうです。

そして、そんなエピソードの一つを次のように語っています。

あるとき、マザー・テレサはスラム街へ行き、貧しい人に食べものをあげました。

するとその人は、すぐにその半分を隣の家の人に分けてあげました。「あなた自身が食べていくのも大変なのに」とマザー・テレサが言うと、「ここではみんな同じように苦しいから当然のことです」と、貧しいその人は答えたそうです。

このときマザー・テレサは、この街の人たちは、苦しい思いをしているからこそ他人の苦しみがわかるのだ、貧しさの中に生きているから本当の愛がわかるのだという、大切なことを教えられたそうです。そしてそれに比べたら、自分がしていることなどまだまだ未熟だとも思ったそうです。

2　打算の愛による子育て

★まがいものの愛

子育てや教育の本来のあり方を「たましい」の視点から見てきましたが、現実を見渡すと、子育ても教育も、どんどんそこからかけ離れてきているように思えてなりません。社会全体が物質主義的価値観に侵されているのと連動して、子育ても物質主義的価値観にもとづくものとなってしまっているのです。

物質主義的価値観に侵された大人が子どもに注ぐ愛は、打算的な「小我の愛」となります。目に見える成功ばかりを子どもに望んでしまうのです。

そこにある愛は条件つきの愛。いい子だから愛する、勉強ができるから愛する、世間に自慢できる子どもだからかわいがるといった、まがいものの愛です。

子どもを打算の愛でしか愛せない親は、わが子を「私有物」か「作品」のように錯覚し、自分の思いどおりに育てようとします。しかし子どもは親とは別のたましいなのですから、無理は必ずたたります。

ある子どもが柳の木だとします。その柳の木は、川辺で一番よく育ち、また本人も心地よいとします。それなのにその親は「ありふれた川べりなんかで、たくさんのほかの木々に埋もれて立っているだけなんて」と不満を募らせ、みんなが見上げてくれるような高い山の上にその木を無理やり移植したとします。

するとその木はどうなるか。そうです、枯れてしまうのです。川辺にそのままいれば、その子はその子らしく、自分が持っている可能性の中でもっとも立派な木に成長できたのに——。

今の世の中では、実に多くの親がこれに近いことをしています。子どもの個性や希望より、いい学校、いい会社という「エリートコース」を走らせようとするのです。情けないことに、そのいい学校、いい会社という判断基準でさえ、物質主義的価値観でしかありません。

すべての子どもに、その子にふさわしい生き方というものがあります。それぞれの舞台で真剣に花を咲かせることができたなら、どの子もみんなエリートなのです。親がその芽を自分のエゴによって摘んでしまうのは、傲慢《ごうまん》というよりほかにありません。

★「愛の電池」不足が招くもの

本来の母性、父性からいずる愛は、無償の愛です。できが悪くても、手がかかっても、いい学校に入れなくてもかまわない。どんな子であろうと無条件に愛おしいわが子として、ただ純粋に愛するという「大我の愛」です。

「大我の愛」だけが子どもの「愛の電池」を満たします。「自分は愛されるに値する」という信念を抱いてこそ、その子は大人になっても、たとえ両親に死なれても、それまでに注がれてきた愛の力で人生の苦難を克服し、生き抜いていけます。

ところが打算の愛では、子どもの「愛の電池」は絶対にたまっていきません。表面的には愛のように見えても、たましいに嘘《うそ》は通用しないため、まがいものの愛は「愛の電池」をすり抜けてしまうのです。

「愛の電池」が不足すると、子どもはどうなってしまうのでしょうか。

充電されていない機械と同じで、本来持っている能力や可能性を発揮して生きることができなくなります。

愛が注がれていないので、その子自身が自分や他人を愛することもできません。

本当の愛の意味をそもそも知りません。

さらには、バッテリーの切れかかったロボットのように、さまざまな誤作動を起こしてしまいます。他人へのいじめや暴力。売春や麻薬、極端なダイエットなど、自分の肉体を粗末にする行い。不安定さからくる心の病……。

これらの誤作動は、第3章でとり上げる、現代の子どもたちにまつわる問題そのものです。昨今ニュースをにぎわしている現象そのものです。

どの問題も、子どもたちが発している悲痛なSOSにほかなりません。

そしてそのほとんどは、子ども時代にじゅうぶんな愛情が注がれていたら避けられることなのです。

3　日本人のたましいの曲がり角

★「心の乱世」は終戦から

今の日本は、いつから、なぜ、こうまでも物質主義的価値観の王国になってしまったのでしょう。

そして、子どもたちの昨今の問題の端緒をたどると、いったいいつ頃までさかのぼるのでしょう。

この答えの核心を探るには、ここ百年ほどの日本の歴史をふり返る作業が不可欠です。そこで、日本人のたましいがどのように変化してきたのかを、ここで考察していくことにしましょう。生まれた世代別の特徴も挙げていきますが、これらはその世代の全員にあてはまるわけではなく、大まかな傾向であることをあらかじめご了承ください。

終戦を迎えた昭和二十年（一九四五年）。

この年は、あらゆる面で日本の近現代史上の重要な節目とされています。日本人の「たましい」の歴史を考えるときも、この年には非常に大きな意味があるように私には思えてなりません。

戦前の日本人には、目には見えない世界を信じる感性がありました。自然の力、科学を超えた力を大切にしていたのです。その感性は、たとえばお正月に神の依代《よりしろ》として門松を飾るなど、生活のあらゆる場面に息づいていました。

そうした神秘の力を昔の人々は、神様、お天道《てんと》様など、さまざまな名前で呼んでいました。どう呼ぼうと本質は同じで、人々が言葉以前の感性で敬い、尊んでいたのは、人間にとって一番大事な「愛」であり「真善美」でした。

彼らの信仰につねにきちんとした定義があったとは限りません。根拠を伴わずに伝えられている風習や教訓もあったことでしょう。それでも人智を超えた力の存在を信じることができていたのは、たましいの感性が開かれていたことの証《あかし》です。

また、人智を超えた力を敬い、その力の前におのれを律するという感性は、人間を謙虚にし、社会に一定の秩序をもたらしていました。

ところが敗戦とともに、あらゆる価値観が崩れ去りました。それまで現人神《あらひとがみ》と信じられていた天皇が本当は一人の人間であり、政治がその権威を利用してきたのだということが明らかにされたのです。そしてGHQがやってきて、教育も考え方もあっというまに百八十度変わってしまいました。

人々はもはや何を信じていいのかわからなくなりました。何が正しくて何が間違っていると、自信を持って言えなくなってしまったのです。

目に見えない尊いものを信じる感性も、当然のようにくすんでいってしまいました。そんな不確かなものよりも、目に見える物質的に価値のあるものをまず追い求めなければ生きていけないと考えるようになったのです。

誰の目にも見えるものなら、とりあえず信じられる。目に見えるものには、決して裏切られない。そんな切羽詰《せっぱつ》まった心境もあったのかもしれません。

私はこの時期が、今日まで連綿と続いている「心の乱世」の始まりだと考えています。「物質主義社会の元年」と言ってもいいでしょう。

今日を生きるために、仕事、仕事、仕事。

明日を生きていくためにも、復興、復興、復興。

人々は、価値観を覆《くつがえ》された虚《むな》しさをふりきるように働きました。

★「物質信仰世代」が社会を変えた

戦後の約十年で、焼け野原だった日本はみごとに経済的復興を遂げ、高度経済成長期を迎えました。テレビ放送が始まり、アメリカのドラマが放映されるようになると、主人公たちが住む庭つきの大きな家、自動車、冷蔵庫などが日本人の心を強く惹《ひ》きつけました。その世界にある、物質的に豊かな暮らしに、みなが憧《あこが》れるようになったのです。

「三種の神器《じんぎ》」という言葉がありますが、高度経済成長期には、この言葉が電気洗濯機、電気冷蔵庫、白黒テレビの三つの家電製品を指して使われるようになりました。これらに「神器」という言葉を使ったことは、まさに、物質を神と崇《あが》める時代の到来を象徴している気がします。

物質にかつえていた厳しい時代を乗り越えた直後だっただけに、人々は、「幸せ」とは物質的な豊かさにこそある、そのようにさえ信じるようになりました。そして子どもたちに対しても、物質を与えることが何よりの愛だと考えるようになりました。

この時期に働きざかりだった人々は、まともにこの新しい価値観の洗礼を受けた「物質信仰世代」と呼ぶことができます。生まれた年でいうと、昭和一桁生まれから十年代生まれをピークとする、その前後の世代です。

彼らは戦前生まれではあっても、戦争中はまだ子どもだったために戦前の価値観にはよくも悪くも染まりきっていませんでした。だから、物質的な豊かさにこそ幸せがあると、素直に信じるようになったのです。

戦争直後の時期には、いわゆるベビーブームの中で「団塊《だんかい》の世代」と呼ばれる人々が誕生しました。彼らの親は、ほぼ「物質信仰世代」の直前の世代にあたるため、戦前の価値観を吸収して育ってきています。そのため終戦による世の中の急激な変化の中で、自分自身が何を信じていいかわからない心境でした。子どもにも何をどう教えたらいいのか、確固たる信念を持てなかったのではないかと思います。また、生きるための仕事で日々手いっぱいでもあったでしょう。

そのため思春期を迎えた「団塊の世代」の多くは、自信のない親たちの世代を、戦争を起こした世代、間違った価値観を信じていた世代と見なし、そんな大人たちが作った社会に反発するようになりました。自分たちは戦争を知らず、どんな価値観からも自由で、万能で、これから先の社会をすばらしいものに変えていけると信じたのです。

明日への理想を掲げ、各地で学生運動も起こしました。ところが結末は『「いちご白書」をもう一度』の歌詞そのまま、「就職が決まって　髪を切って」しまったのです。そして、自分自身がなじっていた社会の中へ、おとなしく呑《の》み込まれていったのです。「もう若くないさ」という理由で――。

ふつうに就職した彼らがその後どう生きているかというと、エコロジーなどに関心を向けていった人々もいますが、現世の物質主義的価値観に浸《つ》かりながら、高度経済成長期を仕事、仕事で走り抜け、地位、名誉、お金を求めて生きている人々も少なくありません。

この「団塊の世代」は「物質信仰世代」の最後にあたる人たちです。したがってその中でもっとも若く、人数も多い彼らが「物質信仰世代」のリーダーとして長年日本の物質経済を支えてきました。今も日本の企業社会の中心にいるのはこの世代です。

★エリート主義の時代へ

やがて「物質信仰世代」が結婚し、子を持つようになりました。彼らの多くが行った教育は、やはり物質的な成功へと子どもを駆り立てるものでした。

彼らは子どもに「偏差値をもっと上げていい学校に行きなさい」、「絶対に有名校に合格して、お父さんができなかった出世を果たすんだよ」などと口うるさく言いました。子どもが女の子なら、こんな言葉も加わったでしょう。「いい結婚相手をつかまえるために、聞こえのいい学校へ行くんだよ」

日本はこうして学歴偏重のエリート主義社会になっていきました。塾や予備校が乱立し、「受験戦争」という言葉も生まれました。

「物質信仰世代」に育てられた子どもたちは、本当の意味での愛を親から受けずにきた心寂しい世代です。昭和三十年代をピークとし、その前後に生まれた彼らを、物質的な愛しか知らない「主体性欠如世代」と呼ぶことができます。

エリートになるためにと、彼らの親の多くは惜しみなく教育費を出してくれました。エリートとして輝かしい人生を送るためにと、就職から結婚まで、なんでも面倒を見てくれ、家や車さえ買い与えてくれる親も珍しくありませんでした。物質的な豊かさこそが幸せ、物質を与えることこそ愛と強固に信じている親に、つねに目の前に物質をつるされ、言いなりにさせられ、なにもかも親だのみで育ってきた人が、この世代には多いのです。

そんな親に反発し、親とは違った生き方を選ぶ子どもも一部にはいましたが、大半の子どもたちは親が信じていた宗教をそのまま信じるように、親の物質主義的価値観をそのまま受け継いでいきました。

★本当の愛を知らない「主体性欠如世代」

物質的な成功を求め、エリートコースを奔走《ほんそう》する「主体性欠如世代」の人生は、殺伐《さつばつ》としたものになりがちです。次々とクリアすべき目標が現れ、途中で脱線したらもうおしまいという、まるで「生き抜き合戦」のような人生にもなりやすいのです。

いい学校に行き、いい就職をし、出世して、富と地位と名誉を得る。

いい結婚をして、夫に出世させ、子どもをエリートコースに進ませる。

「物質信仰世代」の親は、わが子がこのコースから外れそうになれば、パニックに陥ります。

	中心となる人々の生まれ年	働きざかり	特徴
物質信仰世代	昭和一桁から十年代	高度経済成長期	戦前生まれではあるが、戦後の物質主義的価値観にもっとも染まった世代
団塊の世代	昭和二十年代前半	安定成長期	物質信仰世代の最後の世代かつリーダー的存在。現在日本の企業社会をリードしている
主体性欠如世代	昭和三十年代	バブル経済期	物質信仰世代の子。本当の愛を知らずに育ち、主体性に欠ける
無垢世代	昭和五十年代以降		団塊ジュニア、または主体性欠如世代の子。本書のテーマである、今の子どもや若者たち

日本人のたましいの戦後史

「おまえのためにひたすら働いていい学校に進ませてやったのに、なんだい、この就職先は」

「高いお金を払って名門校に進ませたのに、なんでこんなつまらない男と結婚したがるんだ」

などと、子どもを平気で傷つけ、なじります。

このコースだけが幸せな人生と信じ込まされて突っ走ってきた「主体性欠如世代」の本人たちも、途中一カ所でもつまずくと、たった一本しかない幸せのレールから外れてしまったと思い込み、立ち上がれないほどのショックを受けます。

せっかくいい高校に行けたのに、志望大学に落ちてしまった。

エリートの夫と結婚したのに、リストラに遭《あ》ってしまった。

出世街道を順調に歩んできたのに、病気になってしまった。

それだけで「もうおしまいだ。おれ（私）の人生って、いったい何だったんだろう」と、もろくも崩れてしまうのは、結局はただ一つの人生観しか教え込まれてこなかったためです。物質欲は育っていても、自分なりの価値観や判断力、主体性が育つ機会はほとんどなかったので、苦難に陥ったときに、そこから軌道修正して立ち上がるだけの力を育まれてこなかったのです。

★「真善美」とそうでないものの判断がつかない

いい子でなければ愛されない。成績がよくなければ認めてもらえない。「物質信仰世代」の親に、そんな条件つきの「小我の愛」と、物質のみしか与えられてこなかった「主体性欠如世代」の心はとても孤独です。親との絆《きずな》のほとんどが物質で占められ、人間として一番大切な「大我の愛」をあまり注いでもらえなかったからです。したがって、みずからのうちにある「大我の愛」に気づく機会も、育む機会も乏しかったのがこの世代なのです。

本当の愛を知らずに育つと、人間はどうなるのでしょう。

「真善美」が、わからなくなってしまうのです。

これは正しくて、あれは間違っている。これはよくても、あれはいけない。これは美しいけれど、あれは本当の美とは言えない。その違いと、違う理由が、言えなくなってしまうのです。

そこで思い出すのが、以前見たフランケンシュタインの映画にあった、こんなシーンです。

フランケンシュタインは、あるとき、かわいらしい少女を池に落として殺してしまいました。その酷い行為の理由を聞かれて、彼はこう答えたのです。「水面に咲く花がきれいだから」――。

つまり、水面に咲く花がきれいだから、このかわいらしい女の子も、水面に浮かべるときっときれいだろう。フランケンシュタインはそう考えたのです。

本当の愛を知らないフランケンシュタインにとっては、この発想は何の矛盾もないものなのでしょう。しかし彼の発想には抜け落ちている大事なことがあります。それは、相手の気持ちです。相手の気持ちをおもんぱかるということが、彼にはまったくできていないのです。かわいいから。きれいだから。そんな自分中心の一方通行の愛が、彼の愛なのです。

そこに「真善美」は存在しません。「真善美」は、ひとりよがりなものでは決してなく、誰の目で見ても同じ、たった一つの真理です。時代を超え、立場を超えて通用しなければ「真善美」ではないのです。

これは極端なたとえだったとしても、「主体性欠如世代」には自分自身で「真善美」とそうでないものの違いを本当に判断することができません。親が勧めるから、世間がいいというから、有名だから、みんなが正しいというからなどと、他者の決めた基準によりかかって生きてきた場合が多いためです。

★よりどころのない「無垢世代」

そんな「主体性欠如世代」が、現在は親となって子育てをしています。その子どもたちとは、まさに本書のテーマとなっている今の子どもたちの世代。生まれた年でいうと、だいたい昭和五十年代以降生まれです。

この世代を「無垢世代」と呼ぶことができます。

彼らには、ゆるぎなき「大我の愛」で導いてくれる大人がまわりにほとんどいません。すでに書いたように、彼らの親自体が主体性も自信も持てず、さまよっている「主体性欠如世代」なのですから。

「主体性欠如世代」は、「真善美」の基準が自分自身の中にないので、子どもに何か聞かれても、的を射た答えを言うことができません。みずからのたましいも未成熟なまま、親だのみで育ってきているため、「どうして?」という子どもの問いに、こんなあやふやな答えしか出せないのです。

「さあ。おじいちゃんに聞いてみなさい」

「先生は何と言ったの?」

「みんなが正しいと言っているから正しいのよ」

「ほら、テレビでもああ言っているでしょう」

大人が確固たる指導ができないでいるので、ある意味で「無垢世代」には、枠にはまっていないのびのびとしたところがあります。純粋ですし、芸術的な感性が非常に豊かな子どももとても多いのです。しかしそこに「真善美」の軸が据えられていないので、繁華街の地べたに座るのも平気、ということにもなってしまいます。

自然の中で、広い芝生に座ることと、渋谷駅の構内に座り込むことの間にあるはずの、美醜の区別ができないのです。

よくも悪くも純粋無垢ゆえに、簡単に外部からの影響を受けやすいのが彼らのたましいの何よりの特徴です。第１章に、今のこの世には低級自然霊がはびこっていると書きましたが、彼らこそ、容易に低級自然霊の影響を受けやすい、非常に危うい状態にあるのです。

★「こうなりたい」と思わせるお手本がいない

「無垢世代」を自信を持って導けない「主体性欠如世代」の未成熟な親を、祖父母にあたる「物質信仰世代」も、やはり導くことができません。

それどころか、孫がかわいいと言って、物質面でひどく甘やかします。ものを与えることが愛だという信条を、相変わらず持ち続けているからです。

わが子である「主体性欠如世代」にも、物質を惜しみなく与えます。たとえ子どもが離婚すると言い出しても、「少しは辛抱しなさい」、「おまえもいけないんだよ」などと言って諫《いさ》めたりはしません。「おまえと孫を養うくらいの金はあるから帰っておいで。その代わり私たちの老後の面倒をみておくれよ」などと言う親があきれるほど多いのです。親子間の物質による絆は、こうしていつまでも続いているのです。

こんな大人たちを、子どもたちは果たして尊敬できるでしょうか。

第4章で改めて書きますが、子育てで大事なことは、子どもを「真善美」にふれさせることです。

「真」とは正しいこと、「善」は善いこと、「美」は美しいこと。これらはみな、神のエネルギーの側面です。

今の子どもたち、そして若者たちの多くは、「真」――すなわち何が正しいか、正しくないかを親にも祖父母にも教えてもらえず、「善」――すなわち何が善いことか、悪いことかも教えてもらえず、「美」――すなわち美しい精神文化のない家庭で育っています。

「こうなりたい」と思わせるような、奥ゆかしくエレガントな生き方のお手本を見せてくれる大人が、身近にはめったに存在しないのです。

彼らがさまよっているのは、当然すぎるほど当然のことです。
そのさまよいの実態の分析を、次の第3章で行っていきましょう。

★たましいは時代の空気に染まる

日本人が終戦以降、物質信仰に走るようになってから、今日に至るまでの変遷をみてきました。

いささか辛口に感じられたかもしれませんが、それぞれの世代に、時代の影響を受けないほど強く崇高なたましいの持ち主もいることは言うまでもありません。

ここで書いてきたのは、スピリチュアル・カウンセラーとして、のべ何万という相談を受けてきた私が、どの世代の人たちが、どのような価値観を持って生き、そのためにどんな問題でつまずいているのかを洞察してきた大まかな傾向のまとめです。どの人も人霊である以上、たましいの奥では「大我の愛」を知っていて、表面的な悩みの裏に、本人さえ気づいていないたましいの苦悩を抱えているのも霊視してきました。

これを読んで「うちの親は物質信仰世代だからだめなんだ」とか、「私が主体性欠如世代なのは時代の被害者なんだ」という感想を持ったとしたら、それは間違いです。ご理解いただきたかったのは、それほどまでに人間のたましいは時代の空気に染まってしまうものなのだ、ということなのです。

本書の冒頭にも書きました。どの時代も、生まれてくるたましいに違いはない。今の子どもたちも、たましいは昔と変わらない純粋な子どもたちである。それが今という時代の空気を吸って育ったために、時代を映すさまざまな問題を起こしているのだ、と。

「物質信仰世代」も、「団塊の世代」も、「主体性欠如世代」も、「無垢世代」も、みな同様に、どの時代とも変わらない純粋な子どもとして生まれてきたのです。

私自身も、私が生まれた時代の空気を吸って育ってきました。

では、人間はみな生まれた時代に染まるほかに術《すべ》はないのかというと、決してそんなことはありません。生まれた時代は一人ひとりが自分で選んだ「課題」です。人生や愛というものを学ぶ上での「教材」なのです。

先ほど、人間のたましいは「親」を選んで生まれてくると書きました。同じように、「時代」もみずからの意志で選んでいるのです。

「物質信仰世代」や「団塊の世代」の人。

「主体性欠如世代」の人。

「無垢世代」の子どもたち、そして若者たち。

どの時代のたましいもみな、自分が選んだ時代の「課題」を背負い、無意識のうちにそれぞれの課題に一生懸命にとり組んでいます。

その時代の空気に染まりきる中でやがて大切な真理に気づいていくか、早々に疑問を感じて不変の真理を求めるかどうかは本人しだいです。これもまた「光と闇《やみ》の法則」で、どちらから学ぼうと同じ学びなのです。

第3章

子どもたちのＳＯＳ

――「愛」が見えない時代の「力」信仰

1　愛を知らない子どもたち

★「愛の種」は持っているのに

今の子どもたちは、何が愛なのかわからないままに生きています。一見、愛のように見える打算の愛をふりかざされ、よけいに混乱してしまっています。

そんな子どもたちが大人になり、突然あるときたましいが震えるような本当の愛に出会うと、パニックに陥ります。初めてふれる本当のやさしさに、心がほのかにあたたまるという感覚に混乱し、喜びを感じるより先にもがいてしまうのです。

愛の育《はぐく》みに「飛び級」はできないので、これは当たり前のことです。幼い時期に注がれていなければならなかった情愛を大人になって初めて受けたら、困惑してしまうのも無理はないでしょう。

『椿姫《つばきひめ》』というオペラをご存じでしょうか。

十九世紀のパリに生きた、高級娼婦《しょうふ》のヴィオレッタ。彼女は「椿姫」と呼ばれ、きらびやかな世界で社交界の華として生きていました。しかしもとは身よりのない貧しい出でした。

やがてヴィオレッタは、本当の愛を自分に注いでくれる青年アルフレードに出会います。しかし最初は、その愛が何なのかわからずにもがき苦しむのです。彼女のそれまでの人生で本当の愛に出会ったことがなかったからです。

愛を知らない今の子どもたちも、このヴィオレッタと同じです。

けれどもパニックを起こすのは、愛を育まれずにきた子どもたちでも、たましいに「愛の種」をちゃんと持っていることの証拠です。人間が神の一部である以上、「大我《たいが》の愛」に反応する「大我の愛」の種は必ず持っているのです。

私は、悩みや寂しさを抱えた若い人たちと話すたびに、彼らの純粋さをものすごく感じます。私の著書を熱心に読んでくださる若い読者からの感想の手紙にも、とても純粋なたましいを感じます。他人である私に彼らは親身の愛を感じ、素直な心を開いてくれるのです。

世の中がどう変わろうと「愛の種」は誰でも必ず持っています。そこに「愛の電池」を充電されてきていないことが、本章でこれから書くような問題を起こしているのです。

2 事件に見る、残虐化する子どもたち

★「力」が神となった

物質主義的価値観が支配する世の中になると、人々が崇《あが》める対象が変わりました。いつの時代も人々は「愛」と「真善美」に至上の価値をおいていました。文明の様相は変化していても、根底ではつねに「愛」と「真善美」が人間にとっての神――呼び方はさまざま違っていても――でした。

ところが物質信仰の世の中になると、「愛」と「真善美」に代わる新しい神が現れたのです。

「力」です。

体力、知力、経済力、政治力、組織力といった物質的な「力」を持っているか否かが、すべての基準になったのです。

さらに最近の日本には、「主張した者の勝ち」という考え方が浸透してきているように思います。アメリカ式のディベートの悪い部分だけを受け継ぎ、どんな屁理《へり》屈《くつ》でも相手を言葉で言い負かせば勝ちとするような風潮も見られます。いわば弁舌の「力」でねじ伏せるというやり方です。

「力」が神となったこの世には、自分が「力」ではとてもかなわないと思う相手に服従し、弱い者には威圧的になる、卑屈な人間が増えてしまいました。

そんな世相を見るにつけ、人間界も「野生の王国」さながらの世界になってきてしまったように思います。人間がアニマル化しつつあるのです。人霊《じんれい》としての「品性」の欠落という点でも、アニマル化は進行しています。

一時期、渋谷あたりにあふれていた「ガングロ」、「ヤマンバ」。

地べたに座っても平気な「ジベタリアン」。

お風呂にも入らず、路上で眠る「プチ家出」。

お腹《なか》がすけば、電車の中だろうと、人目を気にせずむしゃむしゃ食事。

最近の若者たちの生態は、まさにアニマルを思わせます。それもこれも、「愛」と「真善美」にふれて育っていないからなのです。

★弱い存在が標的に

昨今ニュースをにぎわしている少年たちの犯罪は、まさに「力」への信仰のもとで起きているものが大半です。

被害者のほとんどは、女性、乳幼児、老人。加害者は、「体力」から見て自分に反撃できないことがわかっている弱い存在ばかりを狙《ねら》っていることがわかります。

罪もない動物たちへの虐待も同様です。

集団暴行にしても、集団対一人では、一人の方が圧倒的に「力」が弱いに決まっています。

加害者たちは、自分が逆にやられてしまうような相手には絶対に手を出しません。

そこがまた、ひと昔前までの殺人事件との違いなのです。

昔は、たとえ自分が力ではかなわないと思う相手でも、憎しみの感情がきわまればやぶれかぶれで犯行に及んだりしたものでした。殺人事件にもまだ人間らしいどろどろした感情がからんでいたのです。

しかし今は、自分より弱い存在を単にみずからのストレスのはけ口とするだけの、無機質で卑劣な犯罪が横行するようになってしまいました。

犯行後に聞かれる「むしゃくしゃしたからやった」、「いらいらしていたので誰でもよかった」という判で押したような供述も、「思考」という人霊としての誇りを欠いた、「野生の王国」を感じさせるにじゅうぶんです。

★「もの」には何をしても平気

「力」がない相手と見れば、平気で殺害や暴力の対象とする。そんな感性を持ってしまった人間にとって、被害者は単なる「もの」にすぎません。

ホームレスの人への暴行事件でも、「こんなやつは生きていても意味がないからやった」というようなことを加害者の少年たちは言ったそうです。ホームレスの人のように物質面で今「力」のない人も、親きょうだいに愛されて育ち、守護霊や神にも愛されている一人の人間であるという発想が、彼らにはまるでないのです。

もっとも、彼ら自身が愛を注がれて育っていないのですから、無理もないことかもしれません。物質的には大切にされ、条件つきの愛は注がれていても、たましいが震えるようなあたたかい本当の愛を知らないのです。他人の中に注がれてきた「愛」を見る感性など、なくても仕方ないのかもしれません。

偏差値重視の教育の中で、おまえはできがいいから「いい子」、成績が悪いから「悪い子」などと、点数でランクづけされて育ってきたことの弊害も無視できません。彼ら自身が学力という「力」がないことによって、切り捨てられるという経験をしてきたことの影響は非常に大きいでしょう。

犯行のかたちがどんどん残虐化しているのも、子どもたちが本当の愛を知らないせいです。「愛の電池」がスカスカだと、無機質で血も涙もない自然霊そのものの考え方になってしまうのです。

昔から幼い子どもというものは、無邪気な悪戯《いたずら》で、よく昆虫の手足をもいだりつぶしたりするものです。ものごとをまだ知らず、虫を「もの」と見ているからです。それでも「愛」や「真善美」にふれるうち、みずからの内にある慈愛の心が育まれていき、虫にも尊い「命」があることを理解します。そして幼い日のいきすぎた悪戯を思い出して「あのときはかわいそうなことをした」、「もう絶対にするまい」と反省するようになるのです。

ところが昨今の残虐な事件の犯人たちの感性は、身体は立派な大人になっていても感覚は幼い子どものまま。相手が苦しもうが血が出ようがおかまいなし。「心が痛む」ことがないのです。

それどころかどんどんマニアックになっていき、「どこまで切り刻めば人間は死ぬんだろう」とばかり、人間の命を極限までもてあそびます。無機質な感性には、人間の肉体には心やたましいが宿っているという意識が乏しいため、人間という不思議な「もの」の中身をとことん解剖したい心理が働くのかもしれません。

神戸小学生連続殺傷事件の少年Ａが日記に書いた言葉も、無機質な解剖欲を思わせるにじゅうぶんでした。

彼は「人間の壊れやすさを確かめるための『聖なる実験』」を行い、「今回の実験で意外とがんじょうだということを知りました」と、綴《つづ》っていたのです。

3　いじめの陰湿化が進む子どもたち

★見られていなければいいという狡猾《こうかつ》さ

「いじめ」も、子どもたちの「力」への信仰をよく表しています。

いじめは「体力」のより強い子が、より弱い子に行うことがほとんどですし、一対一ではなく、グループ対一人で行われることが大半です。数が「力」となるのです。

ある子どもが、ひとたびいじめの標的になると、その子と仲のよかった友だちも離れていき、いつのまにかいじめグループの側にまわっていたりします。自分もいじめられてはかなわないから多数派につくのです。

最近のいじめの特徴は、どんどん陰湿化しているということです。

誰の目にもわかるような、たとえば暴力をふるうようないじめ方よりも、陰でこそこそ手をまわし、本人が困る姿を陰であざ笑ったり、完全に無視してしまうような卑劣ないじめが増えています。

陰湿ないじめをする子どもの中には、「いい子」も少なくありません。いじめによる事件を報じるニュースでは、学校の先生などが「あんなに明るくていい子がこんないじめを……」と意外そうに語っていますが、たましいの視点に立てば、じゅうぶんありうることです。表向き「いい子」であろうと、感性が無機質化している子どもは、いじめをしたことで良心が痛まないのです。そもそも「良心」とは何かさえわからないのかもしれません。

となると、いじめをしていいか悪いかの判断基準は、親や先生が「見ているか」「見ていないか」だけになります。これもまた、目に見えることだけ重んじる物質主義的価値観のなせるわざです。

親や先生に見られるのは、「いい子」にとっては不都合です。しかし誰にも見られていなければ、何をしてもいいと思ってしまうのです。もっともこれは子どもだけの話ではなく、むしろ大人に顕著に見られることかもしれません。しかも世間で「立派」と目されている政治家や有識者などに、いやというほどよく見られることです。

表向きの肩書きと権威が守られていれば、陰では愛人を作ろうが、経費をごまかそうが平気。昨今そうした陰の実態が続々と表沙汰《おもてざた》になって世間を驚かせていますが、今に始まったことではないと思います。

★「因果《カルマ》の法則」は欺けない

まさに「無法地帯」とも言えそうな現代だからこそ、私は著書や講演などを通じて「霊的真理」を説いていかねばならないと痛感しています。

「霊的真理」を、私はいつも八つの法則にまとめて解説しています（詳細は私の他の著書、たとえば『スピリチュアルな人生に目覚めるために』《新潮文庫》などをご参照ください）。

その一つに「因果《カルマ》の法則」があります。「自分がまいた種は、いつか必ず自分で刈りとることになる」ということを表す法則です。

「霊的真理」は私たちの人生のすみずみにまで行き渡っているので、私たちの思い、言葉、行為は、よいことも悪いことも一つ残らず「因果《カルマ》」になります。誰も見ていないこと、誰にも知られていないことも「因果《カルマ》」になり、いつか必ず自分自身に返ってくるのです。この真理を欺《あざむ》くことは決してできません。

昔の人はよく「人を欺けても、天は欺けない」と言いました。「天は見てござる」とも言いました。

彼らはこれといった定義も裏づけもなく、こうした言葉を語っていたのかもしれません。それでもこの言葉が意味するところは「因果《カルマ》の法則」そのもの。昔の人は「霊的真理」を、知識や理屈としてではなく、たましいで理解していたのだと思います。

精神的価値観が物質主義的価値観にとって代わられた今、そうした感性はすっかり過去のものとなってしまいました。

今の子どもたち、いえ、すべての人間が「天は見てござる」という感性をもう一度とり戻し、自分のたましいを「内観《ないかん》」しながら生きるようにならないと、この世は遠からず地獄のようなところになってしまうでしょう。

★親を信頼も尊敬もできない

「いい子」でいながら陰ではいじめをしている子どもたちは、なぜ親を欺くことができるのでしょう。

それは親を尊敬できないからです。信頼もしていないからです。先生に対しても同じかもしれません。

身近な大人である親や先生を尊敬も信頼もできなければ、すべての大人や社会を甘く見るようにもなるでしょう。そして自分自身が将来大人になることをも、彼らは虚《むな》しく思っていることでしょう。

子どもの心ときちんと相対し、本当の愛を注いでいる親には、子どもは素直に心を開くものです。また、親自身が自分の人生をひたむきに生きていれば、「子は親の背を見て育つ」で、親を尊敬し手本とするものです。

子どもたちの本当の幸せを願って懸命に働いてくれているとわかれば、その願いに応《こた》えようとも思うでしょう。親を支えようとも思うでしょう。

しかし物質主義的価値観に侵された親は、子どもに「何なの、この点数は。ろくな学校へ行けないじゃないの」などとガミガミ言うばかり。お金と口を出すだけの親には、尊敬の気持ちなど湧《わ》きません。まして親の物質的なエゴから一方的な期待をされ、恩着せがましく見返りを求められたのでは、子どもはたまりません。

親の目の届く範囲でだけは「いい子」でいて、そこでたまる息苦しさは陰で発散しようと思うのは無理もないことなのです。

こうして子どもが二面性を持って生きるようになっても、子どもの本当の心を見ようとしない親は気づきもしません。家庭では相変わらず「いい子」ですし、先生の前でも「いい子」のようなので、二十四時間「いい子」でいると信じてしまうのです。

すると子どもはますます味をしめます。「学校ではあんなにいじめをしているのに全然気がつかないなんて、大人なんてちょろいな」と思ってしまうのです。

しかしその心の内には、自分をまるごと見てくれない、見ようともしてくれない親への寂しい気持ちも募っているに違いありません。

★それでも「いい子」でいる理由

では子どもたちは、親を欺いてまで、なぜ家では「いい子」でいつづけようとするのでしょうか。

これも単純な話で、生きていくためです。

経済的にまだ独立できないうちは、彼らが生きていくために、衣食住、すべての面で親の世話になる必要があるからです。

その意味では、物質のみで結ばれた親子関係もまた「力」の関係と言えるでしょう。親は子どもを物質という「力」で服従させるだけで、「心」でひきとめてはいないのです。さらに一部の親は、子どもが言うことを聞かなければ暴力をふるうなど、必要以上に威圧的にふるまいます。そこで子どもたちは、たとえ尊敬できなくても、生きるために、親に表向きは従っているのです。

このような親子関係の中で心寂しく育った子どもたちは、将来経済的に独立できたとき、とたんに親から離れていくことが多いようです。物質だけでつながっていた親は、もはや「うざい」存在になりがちだからです。

これは、反抗期の子どもが親を「うざい」と思うのとは話が違います。反抗期にどれほど親に憎まれ口を叩《たた》こうと、親の誠意や、自分に向けてくれている本当の愛を感じとれば、やがてその子の気持ちは必ず親のもとへ戻っていくものです。十代にはさんざん「ヤンキー」をやりながら、案外早く落ち着いて、いいお父さん、お母さんになっていくのは、そういう子どもたちに多いようです。

こうした親子関係と、物質の絆《きずな》が切れたらおしまいという無機質な親子関係は、まったく別のものです。

4　群れる子どもたち

★自分を守るために

数の「力」がものを言う社会は、「少数派」になれない社会でもあります。なにごとにも少数派になるには覚悟と勇気が要《い》る時代なのです。そうなると人間には、自分の本心を抑えてでも多数派の群れに紛れ、自分の身を守ろうという心理が働き始めます。

群れを作る点でも、今の子どもたちの世界は「野生の王国」です。彼らの群れは、友情という「愛」で結びついた群れではありません。「力」のあるリーダーを中心として集団化し、さらにその「数」によって力を増していく群れです。

その中にいて子どもたちが気にすることは、自分が群れとちゃんとつながっているかどうか、いざというときに助けてもらえる関係であるかどうかです。

本来の友情とはほど遠い、これもまた打算の愛の世界です。言葉は悪いけれど、友情というより「舎弟《しゃてい》関係」なのです。お互いに裏切らない、いざというときに助け合うという暗黙の協定つきの「互助会」なのです。

「野生の王国」だけあって、そこはまさにサバイバルの世界です。少しでも離れると何をされるかわかりません。いつ裏切りに遭《あ》うかもわかりません。うかうかしていると、あっというまにはぐれてしまいます。

だからつねにつながりを確かめていたいのです。

もっとも、日本人が群れたがるのは今に始まったことではありません。たとえば今の若い母親たちの一部は、大人になっても「公園デビュー」、「ママ友だち」などと言って閉鎖的なグループを作り、似たようなことをくり返しています。サラリーマンなどの男性社会にありがちな「派閥」も同じようなものだと思います。

★一人ではいられない心理

群れていたいのは「力」に属したいからだけではありません。

やはり「愛の電池」の不足も大きな要因となっています。

親から本当の愛をもらえない。だから寂しい。自分の存在を認めてほしい。心を通わせる仲間がほしい。それで、一人ではいられないのです。

今の十代の子どもたちは、本当によく群れたがります。離れている間もケータイやEメール、インターネットで、年がら年中つながっていたいようです。

街を歩きながらでもケータイでおしゃべり。話していることと言えば「今、何してるの?」、「チョーうざいよねー」。あまり意味のある会話でもなさそうです。

電車の中でもケータイでEメール。真剣な表情でせっせと指を動かしています。すぐそばに立つ他人は眼中にないといった様子です。

家でもインターネット。昨今、家庭での会話がますます減っているのは、テレビの前に家族が集まらなくなったことも一因だといいます。テレビの代わりに一人ひとりが自分のパソコンに向かうようになったのです。

パソコンやインターネットは確かに便利な道具ではありますが、「依存」までするのは疑問です。ましてEメールでないと言いたいことが言えない、インターネットの中でしか友だちができないとなると要注意です。

私は講座などで、よく「ひとり旅ができる人間になりましょう」と話します。ひとり旅には、自分一人で考え、知恵を働かせなければならない場面がたくさんあるからです。直面した問題を、誰にも頼らずに解決するという経験は、自分を鍛えますし、喜びと自信につながります。一人でいる静かな時間は、日頃は流されがちな自分自身の本当の気持ちを見つめる「内観」の時間ともなります。

一人でいられる力は、人間として強くなる上でも、たましいを成長させる上でも欠かせないものです。群れに連なってばかりの子どもは、一人の人間としては決して強さを身につけることができないのです。

★少数派になる勇気を

「力」だけが崇められる社会では、子どもを育てる上で大切な「愛」も「真善美」もかすんでいく一方でしょう。当然の流れです。

多数派、少数派というといつも思い出す、懐かしいできごとがあります。

私が小学一年生のときのことでした。私のクラスでは、みんなで何かを決めるとき、賛成派と反対派に分かれてお互いの意見を言い合うということをよくやりました。

話し合いのテーマは、まだ一年生ですから、「席替えに賛成しますか。反対ですか」といったたわいのないものでしたが、幼い私にとってとてもいい経験になりました。

やり方はこうです。まず机をすべて教室の後ろに下げ、広くあいた空間を使って、賛成派は右、反対派は左というふうに分かれます。全員がどちらかについたら、賛成派は賛成する理由、反対派は反対の理由を言っていきます。人の意見を聞くうちに考えが変わってきたら、相手方に移動します。

最終的には多い方に決まるのですが、結果が大事なのではありません。多数決で勝った方がつねに正しいわけではないからです。担任の先生はこうした試みにより、自分自身で考えることや人の意見を聞く力を育んでくださろうとしたのだと思います。

ある日の話し合いで、私は反対派の最後の一人になってしまいました。しばらくはそれでもがんばりつづけましたが、だんだん「もういいや」という気持ちになってきてしまいました。そこで私が賛成派へ移ろうとしたときのこと。先生が私の肩をぐっと押さえて、「自分がそう思うなら最後まで貫きなさい」と言ったのです。

勇気を得た私は、最後の最後まで自分の意見を曲げませんでした。結果的には多数決で負けることはわかっていながら、最後まで自分自身を貫いたあの日のことは、今でも忘れることができません。

先生は私にだけでなく、クラス全員に示したかったのでしょう。「多数決に負けても、自分に負けてはいけません。たとえ最後の一人になっても」と——。

あの先生は、子どもたちのたましいに「真善美」を育む、本当にすばらしい教育を実践されていたと今でも思います。

5　キレる子どもたち

★キレるのは「愛の電池」

私がこの世の問題を考えるときは、つねに二つの方向からスピリチュアルな視点をあてるようにしています。一つは「たましい」、もう一つは「物質」の面からです。

人間の本質はたましいですが、生きる舞台は物質界なので、物質という視点を欠かすわけにはいきません。つねにバランスよく両方の視点から考えることが必要です。

まずたましいの面から、この章でとり上げているような子どもたちの問題を見ると、すべてに共通して「愛の電池」不足が原因となっています。

子どもがキレやすくなったことも例外ではありません。

「キレる」のは、いわば「愛の電池」が切れるときなのです。その子が別の人格に豹変《ひょうへん》するわけではありません。

「愛の電池」が切れたとたん、やぶれかぶれの行動に出るのです。愛されていない自分など、もうどうでもいいという気持ちになるからです。昨今「学級崩壊」としてとりざたされる、授業が聞けない子どもも、「愛の電池」が切れているから自分を保てなくなっているのです。

ただしこの「キレる」という問題は、ほかの問題に比べて、「物質」面にある原因の比重もかなり大きいように思います。

私たちが生活している物理的な環境は、肉体が健やかにすごせる環境とは決して言えません。大人にとってさえそうなのですから、肉体がじゅうぶんに発達しきらない子どもが心身に変調をきたして「キレる」ことがあってもおかしくないのです。

人間は、物質である肉体と、精神が一体となった存在ですから、精神の状態がよくても肉体の調子が悪ければ何をやってもうまくいきません。「健全なる精神は健全なる身体に宿る」のです。

★街は環境ストレスだらけ

今の日本、特に都会は、すべてが騒々しく、落ち着かない環境となっています。なにしろ緑がありません。安らげる広々とした空間がありません。

道行く人々は誰もが何かに追いまくられるように、あくせくと歩いています。いきいきと目を輝かせた人、満ち足りた表情をした人などほとんど見かけません。

そんな人波に紛れて通学する子どもたちのことを考えたことがあるでしょうか。

大人たちは前しか見ていないので、今にも蹴られそうです。存在に気づくと邪魔そうに舌打ちされます。歩きながら喫煙する輩《やから》もいて、吸いかけの煙草が目の高さで揺れています。

子どもたちの心が殺伐《さつばつ》としてくるのは当然です。

街の景観も、まったく心安らぐものではありません。

看板もネオンも、自分のところだけ目立てばいい、儲《もう》かればいいという物質主義的価値観により、とんでもなく派手なものばかりです。街全体の色彩を美しく調和させようという配慮や、美的感覚というものがまったく感じられません。

ヨーロッパは違います。局所的に、大人が行くけばけばしい繁華街はあっても、人々の暮らす街の景観はとても落ち着いています。室内も間接照明が基本。すべてが人間の視覚にやさしいものとなるよう設計されているのです。

つい最近訪れたハワイのホノルルもそうでした。小高い丘からホノルルの夜景を見下ろすと、世界的な観光都市なのにネオンがなく、街灯のオレンジの明かりだけが満天の星のように輝いていました。

私は学生時代にデザインを専攻していたこともあって、環境デザインの重要性は特に強く感じています。

生活環境の中にある色彩が人間の心理に及ぼす影響は、決して無視できません。たとえば壁じゅう真っ赤に塗られた部屋にいると、人間の血圧や心拍数は上がり、精神も高ぶります。度を超すと精神に変調をきたしさえします。反対に、青く塗られた部屋にいると肉体も精神も落ち着いてきます。

色はそれほど、視覚を通じて人間の心に影響をもたらすのです。

昨今は、聞こえてくる音も、人間を興奮状態にさせるものばかりです。車やバイクや電車の騒音、スピーカーでの宣伝。テレビ番組や流行の音楽も、決して耳に心地いいものばかりではなく、子どもの繊細なたましいには刺激が強すぎるものもあふれています。

★睡眠不足と食事の変化も原因

生活のリズムも、子どもの成長によくない方へ向かっています。共働きが普通になり、家族全員が忙しく生活しているため、子どもが大人につられてどんどん夜更かしするようになっているのです。私が子どもの頃は、どの家も十一時になれば明かりが消えていたものです。幼い子は九時頃には寝ていました。ところが今は子どもも深夜まで起きています。夜中でもテレビ番組はあるし、ゲームもインターネットもあるしで、退屈しないどころか眠気もふきとんでしまうようです。そもそも塾に通う子は帰宅時間からして遅いのです。そのあとで宿題もしなくてはなりませんし、宿題がない日でも少しは遊びたいという気持ちがあるため、連日の夜更かしにつながってしまうのだと思います。子ども時代は大事な脳細胞の発達期です。その時期の睡眠不足は、のちのち決していい影響を残しません。

食事の質もどんどん劣化してきています。カロリーはじゅうぶんすぎるほど足りていても、育ちざかりの時期に刺激物や添加物をたくさん摂取していれば、肉体には当然よくない影響が及びます。

外食やできあいのお総菜を食べる機会が増えているのも、たましいの視点で見ると大きな問題です。第4章に改めて書きますが、家庭での手作りの食事にはオーラがこもり、それが親子の意思疎通に大きな役割を果たすのです。心もオーラもこもらない食事をしていたら、子どもの体調も心も不安定になって当然です。

以上のような環境ストレスは、今日のとても深刻な問題です。けれども人間を環境の「被害者」のように考えるのは大きな間違いです。こんな環境を作ったのも私たち人間だからです。

戦後、高度経済成長期、安定成長期、そしてバブル期へと、日本人は必死に働いて今日の繁栄を築きました。がむしゃらに働きながら求めていたのは、豊かな暮らしだったはずです。

ところが現実はどうでしょう。「もの」は豊かになりました。何もかも「便利」で「合理的」なコンビニエンス時代になりました。けれども心は貧しくなる一方です。

時間もありません。交通が便利になればなるほど遅くまで残業できるようになり、帰宅時間が深夜になるからです。でも、物質的豊かさが幸せだと信じているので、残業してでもお金はほしい。だからますます時間がなくなり、その分さらに便利でなくてはならなくなり……。終わりのないいたちごっこです。

私たちはもうすでに、みずから作った袋小路に迷い込んでしまっています。そもそも、求めていたのが物質主義的価値観による豊かさだった点に間違いがあったのです。

6　ひきこもる子どもたち

★ひきこもりには二種類ある

「ひきこもり」は今、大きな社会問題となっています。小さな子どもたちから大人にまでいたるそうした人たちの数は、全体としては大変なものです。

私が見てきたところ、ひきこもりには二種類あります。これまで見てきた時代の流れからすれば、いずれのタイプも現在増えているのは、ごく自然なことと言えます。

まず一つめは、生まれもったたましいの高さから来るひきこもりです。

前世を含むこれまでのたましいの歴史の中で、すでにかなりの浄化向上を進めてきたたましいは、生まれつき心の成熟度が高く、たとえ子どもでも崇高な考え方をします。

たましいが高いということは、霊的視点で見るととてもいいことですが、この世を生きていく上では、本人が難儀を感じる要因ともなります。たましいがあまりにも高いと、現世にまだ染まりきっていない幼少期には特に、矛盾や誤りの多い物質界になかなか折り合えず、孤独に陥りやすくなるのです。

生まれつき、「愛」や「真善美」などの霊的価値観を自然と重んじることのできる彼らですから、この世の俗っぽい物質主義的価値観に抵抗を感じ、その中で果たしてどう生きていったらいいのかと苦悩するのは、いわばごく自然なこと。まして親が物質主義的価値観に染まりきっていて、子どもにもそれを教え込もうとすれば、ついには自分の殻《から》に閉じこもってしまっても無理はありません。

しかしこのタイプのひきこもりは安心できます。みずからの混乱を整理するための一定の期間を経れば、やがて必ず自分から外へ出て行くようになるものだからです。

彼らにとってひきこもりの期間は、いわば「たましいの整理」の期間。そこを通過すれば、霊的価値観を大事にしながら、一方で物質主義的価値観の社会と折り合うための知恵をもそなえた、たのもしい大人に育っていくことが多いのです。

★未成熟なまま大人になると

二つめのタイプは、心の弱さ、たましいの幼さからくるひきこもりです。残念ながら、数としてはこちらの方が大多数です。

なにしろ幼少時から、物質主義的価値観の枠の中で育ってきた子どもたちです。親は打算の愛により、物質面では彼らを甘やかします。欲しがるものは何でも買ってあげ、してほしいことは何でもしてあげる。お金や手間は惜しみなくかけるのです。

けれども本当の愛はかけていない。となれば、心が育っていかないのです。「愛の電池」が充電されないので、たましいが成熟できないのです。

心が幼稚なまま大人になるとどうなるかは、今どきの若者たちを見ればわかります。受験の失敗から立ち直れない。失恋をきっかけにうつ状態になる。会社の上司に叱《しか》られるとすぐ落ち込む。

そうしたたった一つのきっかけでひきこもり始めた若者は実に多いのです。

ここに魔法の薬があって、飲むと身体だけが一気に大人に成長するとします。その薬を幼稚園の子どもに飲ませて、会社に行かせると想像してみてください。もちろん遊びではなく、仕事をしに行かせるのです。

その子は知恵もなく、心の訓練もできていません。でも仕事の場ですから、みんな甘やかしてはくれませんし、一人前に働くことを当然要求してきます。

ぼやぼやしていると怒鳴られます。失敗が多いと罵声《ばせい》も浴びせられます。そのうちに見放され、除外されていきます。その子は徐々に疲弊して心を病んでいきます。

何日かはなんとかがんばって通うかもしれません。しかしそのうちに家で言い出すでしょう。「明日からもう行かない」と。

親は「何を言ってるの、行きなさい」と言って強引に行かせようとします。

ついにその子はひきこもります。それしか自分を守る手段がないからです。

★ひきこもれる環境あってこそ

つらいことだらけの外の世界に出るより、自分の部屋でゲームやインターネットをしていた方がずっといいと、ひきこもり始めた子どもたちは思うのでしょう。その方が楽だし傷つきません。あとは親さえ許せば、いとも簡単にひきこもりの成立です。

それでもまだショックの小さい子どもは、外に出かけることができます。決まった職場には通いたくなくても、遊びやアルバイトなどの気軽な外出なら大丈夫です。それが現在の、定職に就かない若者たち、いわゆる「フリーター」と言えるのではないでしょうか。もちろん全員がそうとは言いません。しかし彼らの多くは、いかにも自由に見えながら、見方によればひきこもりの一歩手前の症状ともとれるのです。

もっと重症になると、家から一歩も出ない本当のひきこもりになります。

考えてみると、ひきこもりというのもなかなか贅沢《ぜいたく》なことです。ひきこもれる環境があってこそできることだからです。

経済的に貧しい国では、大人も子どもも生きることに精いっぱいで、ひきこもりなど考えつきもしないでしょう。日本という、たましいは貧しくとも物質だけは豊かな国だからこそ、ひきこもりの増加が社会問題にまでなっているのです。

何もしなくても、ひきこもれる家があって、ご飯を作ってくれる親がいる。特に物質のみが親子の絆という家では、親は子どもの窮地の根本を見つめることなく、物質的な側面ばかり見つづけます。しかし本当の愛という心の絆がある家では、親は子どもをひきこもらせたままにはしないでしょう。

フリーターにしても、物質的に甘やかす親がいるからできることです。

ある意味で、ひきこもりの子どもたちは、物質主義的価値観のかわいそうな被害者です。そういうふうにしか育てられない親も親で、物質を信仰させられた時代の被害者なのかもしれません。もっとも、みんなが作った世の中ですから「被害者」などはいないのですが。

これだけは確かに言えます。

本当の愛で親と結ばれ、たましいをしっかり成熟させながら育った子どもは、決してひきこもりにはなりません。たとえ一時的になったとしても、立ち直っていけます。

★問題から学ばない親たち

私のもとにも、子どものひきこもりに悩む親がよく相談に来ました。どの人も真剣でしたが、あきれ果ててしまうような親も少なくありませんでした。

相談の内容自体がとても物質主義的なのです。「子どもがひきこもりました。何かいい手はありませんか」とくるのですから。問題の本質を理解しよう、親である自分から反省して変わろうなどという姿勢はほとんど見られません。

これもまたコンビニエンス時代の弊害なのでしょう。たましいの問題にも一発で効く特効薬があると考えているようです。

とんでもないことです。たましいの問題は、西洋医学的な対症療法で治すわけにはいきません。根本から、腰をすえてとり組む覚悟が必要なのです。漢方薬と同じで、病に至るまでと同じぐらいの時間をかける気長さが要るのです。

相談に来る親たちは、たとえば「うちの子は今年三十歳なんです。もう遅いのではないでしょうか」というようなことをよく言います。

遅いと考えるのも物質主義的価値観です。その子が再び外に出て生きる力を得て、いきいきと毎日を送れるようになることが大切なのであり、肉体の年齢は何歳になろうと気にしすぎることはないのです。

もちろん現実を生きていくためには仕事に就くことも大事です。ならば確かに年齢は気になる要素かもしれません。しかしそこだけにこだわって焦《あせ》るのはいかがなものでしょう。子どもがひきこもってまで親に訴えかけていたSOSを、親として真摯《しんし》に受けとめるならば、子どものたましいの幸せこそを最優先させるべきではないでしょうか。

子どもがひきこもりの兆候を見せ始めたら、親は決してあわてず、二種類あるうちのどちらのひきこもりなのかを冷静に見きわめてください。

そしてどちらの場合にしても、親である自分の物質主義的価値観がその大きな要因となっている可能性から目を反らさず、この機会に自分自身も子どももともに生まれ変わろうという前向きな意志を持つことがとても大切です。

7　生き急ぐ子どもたち

★本当は愛がほしいのに

子どもたちをめぐる問題は、ほかにも挙げればきりがありません。

売春、麻薬、摂食障害、リストカット、自殺――。

こうした問題に迷い込んでしまっている今の十代、二十代は、自分の命を粗末に扱い、人生を刹那的《せつなてき》なものとしか思わず、まるで生き急いでいるかのようです。

いずれの問題にしても、やはり「愛の電池」不足が根底にあります。親に本当の愛を注がれて育っていないから、寂しいのです。

けれども彼らは、寂しいという感覚まで鈍ってしまっています。愛というものは、小さい頃からの積み重ねでだんだんに育まれていかなければいけないのに、肉体が大人になっても彼らの「愛の種」は未熟なまま。だから、「自分には愛が足りていない」、「愛がほしい」と自覚するだけの感性にも乏しいのです。

今の日本人は物質にはほぼ満たされているので、自分に何かが足りていないという感覚にはなおのこと気づきにくいのでしょう。

そこで第2章に書いたような、「愛の電池」不足による誤作動が始まります。「愛がほしい」という感情が、別の欲望に変換されてしまうのです。

「お金がほしい」に変換されれば、売春に。

「快楽がほしい」に変換されれば、麻薬に。

「食べたい」、または逆に「痩《や》せたい」に変換されれば、摂食障害に。

「逃亡したい」に変換されれば、自殺に。

これらもまた物質主義的価値観が生み出した当然の結果です。

★「もの」を売ってどこが悪いの?

売春や麻薬というものは、自分の肉体を「もの」とでも思い込み、傷つけたり壊したりすることが平気な感性でないとできないことだと思います。

先ほど、子どもたちが残虐化しているのは、他人を「もの」のように思っているからだと書きました。これと同じで、無機質化した子どもたちは、自分の肉体さえ「もの」と見なしているのです。

売春する少女たちは言います。

「自分の身体を売ってどこが悪いの?」

「身体を使って仕事してんだから立派じゃん」

この時計は私のものだから売ったっていいじゃない、というのと何ら変わらない発想です。「もの」だから何をされてもいい、買われてもいいというわけです。

若くてきれいな身体があって、お金を払って買う人もいる。お金もほしい。あとは自分を「もの」と割り切れれば何の支障もなく売春の成立です。

「今若いしぃ。一番売れるしぃ。大学生になったら安くなっちゃうしぃ」

自分を商品と見ているから、そんなことも言えるのです。

麻薬におぼれる子どもたちも言います。

「気持ちいいんだからいいじゃん。誰にも迷惑かけてないしさ」

★生きている実感を求めて

それでも、完全に「もの」だと思いきれればまだ救われるのかもしれません。けれども、たとえそんな心理状態にあっても人霊ですから、「自分って本当は何なんだろう」という根源的な疑問を持つのです。

そこで子どもたちは、自分の肉体を試す行動に出ます。「もの」としてでなく人間として生きている実感を、彼らは無意識に求めるのです。

この肉体は、死ねば終わってしまう、ただの「もの」なのか。

それとも別の「何か」が宿っているのか。

リストカットも、そんな疑問が高じて出る行動の一つかもしれません。みずからの手首を切って、痛い思いをしてでも生きている証《あかし》を確かめたくなるのです。そして、赤い血が確かに流れ出るのを見て、心のどこかでほっとするのです。

自分自身を「もの」として見る究極の結果が、自殺です。

自分が「もの」だと思うから命も壊せると思うのでしょう。人生もゲームのようにリセットできると思うのでしょう。これもまた「うまくいっていれば生きる」、

「だめなら死ぬ」という、白か黒かの「自然霊」的発想です。

人生はリセットでき、自殺によりすべての苦しみから逃れられると信じる人にとって、自殺を選ぶのは簡単なことかもしれません。

しかし「霊的真理」は違います。たましいは永遠になくなりません。死後、自殺者ほど後悔し、苦しみをさらに強めていくたましいはないことを、自殺を考えるすべての人に理解していただきたいと思います。

★愛されてきたことにプライドを

親がわが子を、自分を大切にできる人間に育てるには、ただひたすら「愛の電池」を注ぎ続け、自分自身に「プライド」を持たせることです。それしかありません。

プライドという言葉は、鼻持ちならない傲慢《ごうまん》さを想起させるかもしれません。けれども本当のプライドはそういうものではなく、文字どおりの「自尊心」、つまり自分を尊ぶ心のことです。

自尊心と傲慢さが混同されがちなのも、物質主義的価値観の世の中ゆえなのでしょう。物質主義的価値観では、他人に比べて自分が優れていると思う心を、自尊心、プライドと解釈します。しかし霊的価値観、精神的価値観でのプライドは、自分も他人もみんな等しく尊い命であると考え、そのすべてに誇りを感じるのです。

なぜみんなが尊いかというと、どの人にも愛が宿っているからです。一人の例外もなく、愛されている存在だからです。

「私は親に愛してもらえなかった」という人も、中にはいるでしょう。

しかし、生んでくれたこと自体がじゅうぶんな愛ではないでしょうか。

妊娠中ずっと赤ん坊の誕生を思い、大きな苦痛を伴ってこの世に生み出してくれた親。お産の大変さを思うと、極端な話、子どもは、親に生んでくれた以上のことを求めてはいけないとさえ私は思うことがあります。

その上、親は、赤ん坊の誕生後もおむつを替えたり、おっぱいをくれたり、何から何まで面倒をみてくれたのです。泣けばあやし、よちよち歩きを始めれば手を叩《たた》いて喜んでくれたのです。

どんなに問題のある親でも最低限そうしてくれたでしょう。人によっては、親に代わる誰かがそれをしてくれたかもしれません。学校に入れば、見守ってくれる先生、いっしょに遊んでくれる友だちとも出会ったでしょう。

誰もが愛されて生きてきたのです。

この世に生きているという事実が、誰かに愛されてきたことの証拠なのです。この世に生まれたきり、誰にもかまってもらえなかったら、今ここに生きていません。

さらに霊的世界には、肉親よりもはるかに深く自分を愛し見守ってくれている、守護霊という「たましいの親」が一人ひとりに必ずいます。守護霊に愛されていない人は、それこそこの世に一人もいません。

プライドとはつまるところ、自分に注がれてきたこれらすべての愛を誇りに思う気持ちです。

愛されてきた存在だとわかるから、自分を大切にできるのです。注がれてきた愛をありがたく思えばこそ、自分を粗末に扱えなくなるのです。

自分の中には、目には見えない愛がいっぱい詰まっている。

自分を粗末にすれば、その愛を傷つけ、愛してくれた人たちをも傷つけてしまう。そういう感性を持てれば、売春も麻薬も自殺も間違いであると理解できるはずです。

第4章

「人としての感性」を育む教育を

1 「愛」と「真善美」がたましいを育む

★神とは「愛」、そして「真善美」

子育てとは「愛」を育《はぐく》むことであると書いてきました。

スピリチュアルな視点から見ると、その「愛」とは「神」であり、「真善美」と言い換えることもできます。

ややこしく聞こえるかもしれませんが、要するに「愛」も「真、善、美」も、すべて同じ「神」のエネルギーを別の観点から表した言葉なのです。

「神」はこの世の人たちが想像するような、人格を持った存在ではありません。真理そのもの。叡智《えいち》そのもの。光そのもの。それが「神」です。

私たち人霊《じんれい》は、「神」を中心に、その周辺をとり巻いているエネルギーの「部分」です。その大きな全体が「神」ですから、中心からどんなに離れていても、「神」

のかけらを宿しています。一人ひとりのたましいにある「神我《しんが》」がそれです。「神我」はすなわち、「大我《たいが》の愛」でもあります。

私たちは、この物質界でしかできない経験と感動を積む中でみずからを浄化向上させ、少しずつでも「神」という中心に近づこうと志している存在なのです。

しかし私たちは、いったん肉体という物質にこもると、自分が霊的存在であり、浄化向上を志して生まれてきたことはすっかり忘れてしまいます。物質界のことだけに奔走《ほんそう》し、みずからが「神」の一部であるなどとは思ってもみません。

それでも無意識のうちに「神」をたまらなく恋しく思うことがあります。「愛」や「真、善、美」にふれたときです。

人はなぜ、「愛」に満たされたいのでしょうか。

なぜ「真」を求めてやまないのでしょうか。

なぜ「善」に心が震えるのでしょうか。

なぜ「美」に安らぐのでしょうか。

すべて、私たちが「神」だからです。「神」のエネルギーにふれると、懐かしいふるさとを思い出すように、たましいが自然と揺り動かされるのです。

頭で「神」を信じていようがいまいが関係ありません。「愛」や「真、善、美」に震える心、求める心を持っていることが、「神」の境地を志す人霊である証拠です。

「自然霊」化してしまうと、「愛」や「真、善、美」に鈍感になります。求めなくなります。子どもたちに、これまでに見てきたようなさまざまな問題も起きます。ですから、子どもたちのたましいを人霊らしく育てるのに必要なことは、「愛」を注ぎ「真、善、美」につねにふれさせることに尽きるのです。

現実の世の中には「真、善、美」でないものもあふれていますが、「真、善、美」が何かを本当に理解した子どもには、そうでないものを区別する目が自然とそなわります。その目さえあれば、生涯、主体性を持ってそれらにも対処していけるでしょう。

親や先生などの大人にできることは、子どもが一人前になるまでに、そのための「たましいの目」を養ってあげることです。その大前提として、大人が「真、善、美」をきちんと理解していなければいけないことは言うまでもありません。

★「真」＝何が正しきことか

何もかもが不確かなこの世では、何が正しいか、何が間違いかを子どもに教えることは、非常に難しく思えるかもしれません。

まず大人が、物質的な視点ではなく、たましいの視点でもって、世の中のことや、生きるということを、常日頃考えていなくてはならないと思います。それが間違わずにできていれば、日々の会話の中でおのずと子どもにも「真」＝何が正しきことかが伝わっていくでしょう。

どんな大人も一人の人間である以上、完璧《かんぺき》な「真」を子どもに教えることはできないものです。霊的価値観での「真」をこの物質界にあてはめて考えることは、決して容易なことではないからです。それでも自分自身の「責任主体」でものごとを考える姿勢、既成の価値観に惑わされずになにごとも哲学するという姿勢を大人が見せることは、子どもの成長にとてもいい影響を与えるはずです。

私が書籍や講演で「霊的真理」を語り続けているのも、「真」を伝えたいからです。

★「善」＝何が善きことか

何が善いことで、何が悪いことか。これもたましいの視点でもって考えるべきことです。物質主義的価値観による善《よ》し悪《あ》しの判断は、時代や場所によっても違ってくるので、あてにはならないのです。

善い行いというと、ボランティア活動を第一に思い浮かべる人が多いかもしれません。ボランティア活動は確かにすばらしいことですし善いことです。けれども物質的な報酬を受けない活動だけを善いとするのも、一種の物質主義的な判断です。善い、悪いを決めるものは、その人の胸の内にある「動機」だけです。目に見える行動からは何もわかりません。子どもにも、表面に出ていることよりも「動機」や「心」を見る目を養ってあげることが大切です。

以前、子どもの小学校の授業参観でこんなことがありました。

その日は作文の発表会が行われていました。選ばれたいくつかの作文を、書いた子どもが順番に読み上げていく中にこんな作文がありました。

「ぼくは○○君が大好きです。なぜかというと、○○君のおうちに行くと、ジュースをくれるからです」

子どもらしくてかわいいと言えばかわいい作文です。けれども、「ジュースをくれるから好き」というのは、ちょっと違うのではないでしょうか。

その子の気持ちを想像すると、きっと本当は「ジュースを出してくれるという気づかいのある、やさしい○○君が好きです」と言いたかったのでしょう。

しかしその言葉足らずの文面が「ジュースをくれたから好き。くれなかったら嫌い」というニュアンスを感じさせてしまうのは否めません。

ジュースをくれるから、好き。

ジュースを出してくれるやさしさが、好き。

この二つは大きく違います。そのあたりの表現の工夫をきちんと指導してあげる必要があるのではないかと私は思ったものです。

あるいは先生の狙《ねら》いは、「この書き方はちょっと違うんじゃないか」と、ほかの子どもたちに感じさせることだったのかもしれません。

いずれにしろ、「善」を見る目にも、「行動」だけを見る物質的な目と、「動機」を見るたましいの目があり、決して混同してはならないことを改めて実感させられた一件でした。

★「美」＝何が美しきことか

美とは何かも、物質的な目ではなくたましいの目で感じとるべきことです。

今の日本人は世界の基準から見ると物質的にはそうとう豊かな生活をしています。しかし本当の「美」があるかと言えば、私は首をかしげざるを得ません。

お金を持っていても、それを「美」や「文化」を楽しむためには費やさない。美しい絵を買って家族みんなで楽しんだり、音楽を聴きに行ったりするよりも、ただお金ばかりを貯める。そんな人が多いのです。財産は豊かにしたくても、「知性」を豊かにすることには無関心なのかもしれません。

バブル期ほどではなくなったにせよ、日本人が海外旅行先でブランド品を買いあさる姿は世界的にも有名です。十代の若い子たちまでが数十万円もする商品を次々と買っていくような国は、日本ぐらいしかないのではないでしょうか。

ではその子たちがみなそのブランドの歴史や本当の価値を知っているかと言えば疑問です。それよりも、単にブランド品だからいい、高価だからいい、持っていると羨《うらや》ましがられるからいいといった動機がまさっているようにも見えます。恥ずかしいことに、外国人の目にもそのように映っているという話です。

ブランドに限らず、画家の話一つ、クラシック音楽の話一つできないのが、今の日本人の大半ではないでしょうか。学校の勉強はできても、文化を語るだけの「知性」がない。そもそも文化に対する憧《あこが》れがない――。

情けないことに、自分が住む日本の文化にさえ無関心な人ばかりです。

「美」や「文化」というものは、物質的に貧しくても楽しむことはできます。「美」は自然の中にあふれていますし、人間の内面にも「美」は見つけられます。「美」を見つける「たましいの目」さえあればいいのです。

家庭の日常の中で「美」や「文化」を育むこともできます。たとえばマナーや言葉遣い。きちんとしたマナーで食事し、美しい言葉で話し合う。

つつましく暮らす家庭でも、そういう「文化」があれば、子どもは品性の豊かな大人に育っていけるのです。

2　家庭は「愛」の充電基地

★大切なのはどれだけ「こめる」か

子どもに「愛」を注ぎ、「真、善、美」を教える一番の場は、やはり家庭です。家庭こそが最大の「愛の電池」の充電基地なのです。

今どきの家庭はその機能をどのくらい果たせているでしょうか。たとえば、家族そろって食事しながら語り合う機会は週に何回あるでしょうか。

私が子どもの頃は、夜になると一家で食卓を囲む光景はごくふつうに見られました。しかし今は共働きが主流になり、子どもも塾などで忙しく、同じ屋根の下に暮らしていてもばらばらに食事をとる家庭がとても多いそうです。子どもを愛情豊かに育てるために、これは決していいこととは言えません。

かといって、これだけ世の中が急速に変わった今、その部分だけを急に昔に戻すのは不可能でしょう。

霊的価値観では次のような原則があります。

どれだけ与えるかよりも、どれだけ「こめる」かが大事——。

つまり、与える「物量」を重視するのは、目に見えることにこだわる物質主義的価値観である。それよりも、たましいの視点では、たとえ物量が少なくとも、その中にどれだけ充実した「大我の愛」をこめるかが大事、というわけです。

これは人生のどんなことがらにもあてはまります。

子育てにおいても、どれだけの「お金」や「手間」をかけて育てるかより、お金や手間はじゅうぶんにかけられなくても、少ないなら少ないなりに、その中にどれだけの真心をこめるかの方が大事なのです。

今の食事の話で言えば、毎日家族で食事できなくてもいいのです。もちろんできるにこしたことはありません。でもどうしても毎日が無理なら、そろって食べる機会をできるだけ心がけ、たまのその時間を真心を通わせる場として充実させればいいのです。

★美しい「言霊」で会話する

子どものことで問題が起こる家庭は、ふだんの会話が乏しいことが多いようです。何か大きな問題が起きたときに、子どもがふだん考えていることを初めて知って驚く親がよくいますが、それでは遅いのです。

ふだんから子どもの悩みを聞いてあげるだけのゆとりを持ちましょう。現実の話だけでなく、将来の夢なども聞いてあげましょう。たわいない冗談も楽しみましょう。親子間に何でも話しやすい環境と信頼感が生まれると、子どもはさまざまなことを話し始めるものです。

日常の会話が少ないと、さしあたって困っていることなど必要最小限のことしか話さなくなり、親子関係に潤いがなくなります。

あなたの家庭では、どのくらい会話していますか。

美しい言葉を使って会話していますか。

言葉には「言霊《ことたま》」という霊的エネルギーが宿っていて、これは軽視できない力を持っています。ポジティブな「言霊」にはポジティブなことが、ネガティブな「言霊」にはネガティブなことが、「因果の法則《カルマ》」の働きによって、「言霊」を発した本人やその周辺に返ってくるのです。

これは迷信などではありません。私は霊視によって、「言霊」がポジティブにもネガティブにも、私たちの暮らしに影響を及ぼしているのをよく確認します。

出かける間際に玄関で家族がかけてくれた「いってらっしゃい」の一言が、その人を事故から守ったというケースもありました。「おかえりなさい」という家族の言葉には、帰宅した人が外で受けてきた邪悪なエネルギーをお祓《はら》いする力があります。

昔の人は「言霊」の力をよく知っていたので、言葉で縁起をかついだり、縁起の悪い言葉は別の言葉に置き換えるなど、さまざまに工夫しながら暮らしていました。ところが現代人はこの力を認識していないため、街ですれ違う親子などから驚くほど汚い言葉での会話が聞こえてくることがあります。

美しい「言霊」、ポジティブな「言霊」をぜひ心がけて会話しましょう。

★親子で「生きることの真理」を語り合う

最近は日本の家庭でも、「性」の話題がオープンになってきたようです。性体験の低年齢化が進む中、家庭における性教育は欠かせないものとなってきたのでしょう。

同じように「人生」という大きなテーマについても、家庭で積極的に話題にした方がいいと私は考えています。

教育とは「教え」を「育む」ことであると、第2章に書きました。「教え」すなわち「生きることの真理」を家族みんなで哲学しながら「育む」。家庭を、そんな場にしていただきたいのです。大上段に構える必要はないし、照れる必要もありません。カジュアルな会話の中に織りまぜていけばいいのです。

生きるとは何か。正しいとはどういうことを言うのか。幸せとは、愛とは何か——。材料なら日常の場にいくらでも転がっています。テレビのニュース。新聞。書籍や雑誌。近所のできごと。親の会社でのできごと。子どもの学校でのできごと。家庭内のできごと。親が子ども時代や若い頃の話をしてあげるのもいいでしょう。

話すときは、子どもを一人の人格として尊重することが大切です。子どもはよく鋭い質問をしますが、たとえ答えられなくてもごまかしてはいけません。わからないならわからないなりに、子どもとともに真剣に考えていきましょう。それは親自身にとってもかけがえのない時間となるはずです。

★「オーラ」で心がつながる

親子のコミュニケーションは、言葉だけで行われているわけではありません。しぐさや表情、行動なども、コミュニケーションの重要なかたちの一つです。

そしてもう一つ、人はみな「オーラ」によっても交流しています。

オーラとは、人間の肉体に重なり合って存在している霊的エネルギーで、その人の性格や記憶、感情などの情報を含んでいます。

オーラはその人がふれたものに、ことごとく付着していきます。そしてそのオーラにふれた人は、オーラの主の思いを無意識に感じとります。その感じとり方が、霊的感性の鋭い人ほど強いのは確かですが、人間はみな霊的存在ですから、誰もが知らず知らずにたくさんの情報を、他人のオーラから受けとっています。

同じ屋根の下に住む家族間では、オーラによるコミュニケーションはかなり活発に行われています。いつも近くにいて、同じものにふれる機会も多いからです。

子育てにも、このオーラの力を大いに活用したいものです。

たとえば食事。お母さんの作る食事には、子どもを思う愛情のオーラがたくさんこもります。子どもはそれを直接口に入れるのですから、その伝わり方は強力です。忙しくてできあいのお総菜を買う日でも、みそ汁を作る、漬け物を切るという程度でいいから、お母さんはせめて一品でも手間をかけましょう。

洗濯もそうです。子どもが脱いだ衣類にふれると、お母さんは子どもの気持ちを感知します。子どもは、お母さんがたたんだ衣類を着るとお母さんの愛を感じとります。

便利さ、能率のよさが何よりも求められる時代になり、家事も省力化されるようになりました。これはオーラのコミュニケーションという観点から見るととても残念なことです。

近年、親子の気持ちが通い合いづらくなっていることには、オーラが通い合う機会が減ったことの影響も決して無視できないと思います。

3　かわいいわが子には旅をさせよ

★「密室育児」が生む悪循環

子育ては、家庭内だけで抱え込まないことが大切だと第1章にも書きました。

と昔前までの子どもには、もっと祖父母とのふれ合いがありました。ご近所づいも活発でした。家の外でも育ててもらえた時代だったのです。

しかし最近はどの家庭も周囲からの孤立化が進んでいます。自由とプライバシーの尊重、そして相互の警戒心から、どの家の扉も固く閉ざされてしまったのです。

その一つの結果が、「密室育児」の孤独と閉塞感《へいそくかん》に押しつぶされそうな母親たちの育児ストレス。これが高じて幼児虐待にまで発展してしまうこともあります。「密室育児」の寂しさの中で、逆に溺愛《できあい》に走る親もいます。溺愛は独占欲ともなり、ますます子どもを外に出せなくなります。

現代の子どもたちは、寂しい親の捕虜——言葉は過ぎるかもしれませんが、そのようにさえ思います。

加えて今は少子化の時代。ひとりっ子がとても増えています。

ひとりっ子の育児にもよさがありますが、一つ間違うと、自分一人で満たされてしまう子に育ってしまいがちです。そして苦しさをも一人で背負ってしまう子になりやすいのです。

ですからひとりっ子の親は、よりいっそう子どもをたくさんの人にふれさせることを心がけなければなりません。親以外の大人にふれさせるだけでなく、同年代やその上下の年頃の子どもたちと、きょうだいのように仲よくなれる環境を用意してあげてください。今はひとりっ子が多いので、難しいことではないと思います。

少子化でもう一つ心配なのは、親や祖父母たちが子どもを物質面でひどく甘やかすようになっていることです。親族の中に生まれる子どもの数が減っているため、親や祖父母が競うようにして何でもほいほい買ってあげるようになっているのです。

こうした物質的な溺愛が、子どもの成長にいい影響を及ぼすはずがありません。しょせん物質愛ですから、子どもの「愛の電池」もたまっていかないのです。

同じお金を使うなら、たくさんの人にふれさせる「経験」のために使ってあげた方がずっといいのではないでしょうか。

★感性と能力を育むために

「密室育児」で親の愛だけにふれさせていると、子どもは愛されている状態が当たり前になり、親の愛がわからないどころか、愛そのものがわからない子どもに育ってしまう危険性があります。

能力をのばす上でも「密室育児」は妨《さまた》げとなります。

子どもは親のコピーのように考える人がよくいますが、とんでもありません。くり返し書いてきたように、子どもは親とは別のたましいを持っています。性格や能力がすべて遺伝かと言えば違うのです。

親とはまったく別のたましいが、今度の人生でしたい経験、学びたいテーマにぴったりな遺伝子を持つ親を選んで生まれてくる――スピリチュアルな真実から言うと、この説明の方が適切です。

ですから、子どもの方が親よりたましいが高いことはざらですし、両親どちらにもない性格や能力を強く発揮し、将来、大いに活躍する可能性もあります。「トンビがタカを生む」ことは、スピリチュアルな視点では特に珍しいことでもないのです。

限りない可能性を持って生まれた子どもたち。

彼らが秘める可能性は、育つ過程で接する他人が多いほど、のびるきっかけも増えるもの。両親というたった二人の大人が囲い込むことでそれを抑えてしまうのは、世の中全体から見ても惜しいことです。

★さまざまな個性の中でもまれる

子どもに同年代の子どもたちとふれる機会を増やすには、日々通う保育園や幼稚園、学校だけでなく、町内会の行事に積極的に参加させたり、ボーイスカウト、ガールスカウトなどに入れるのもいいでしょう。習いごとを通じても、友だちの輪は広がります。

そこではさまざまな人たちに出会うことでしょう。百人と知り合えば、百の個性と経験と知識にふれられます。

リーダータイプもいれば世話好きな人もいるでしょう。無口でもやさしい人、明るいのに涙もろい人もいたりして、人間というものの面白さ、愛おしさを知るでしょう。意地悪な人、そりが合わない人、まったく違う感性を持った人との出会いからは、人間の多様性や、折り合うことの大切さを学ぶでしょう。

多様な人間関係の中でもまれるという経験は、人間を理解していく上で欠かせません。将来社会に出たときの訓練として、子ども時代に経験しておくべきことでもあります。

幼いうちからたくさんの人にふれさせている子どもとそうではない子どもとでは、歴然と差が出てくるように思います。もちろん個人差はあるものの、人に慣れている子どもはもの怖《お》じせず、発想も行動ものびのびとした人間に育つものです。逆に家の中で囲い込まれて育った子どもは、どこか引っ込み思案に育ってしまいやすいのです。

★ホームシックは「親シック」

家族以外の人と接する機会が増えると、子どもが家族をあまり思わなくなるかと言えば、決してそのようなことはありません。むしろ反対で、家族をより大事に思うようになるものです。

林間学校やクラブの合宿、修学旅行などで外泊することは、子どもにとってはめったにない心弾む経験です。何日も前から心待ちにし、その夜は寝る時間も惜しんで友だちとはしゃぐことでしょう。

それでも家に帰ってくると子どもは心底ほっとするものです。「ああ、おうちが一番いいなあ」と思い、お母さんの作ったご飯のおいしさを改めてかみしめるのです。友だちとの楽しい外泊も、何日も続けばホームシックにかかってしまうはずです。

「ホームシック」という言葉は、元来「親シック」、「家族シック」なのです。「家」が恋しいのではなく、親やきょうだいが恋しいのです。家族みんなで語り合うあたたかい時間が恋しいのです。

ところが、親との心の絆《きずな》が薄くなってしまった今の子どもたちは、本当の「ホームシック」にしか、かからないのではないかと思います。親のぬくもりより、即物的な意味での「家」が恋しくなるのです。

家に帰って一番うれしいのは、ゲームがあること。テレビがあること。

親が食事や洗濯、何でもやってくれて楽ができること。「ホームシック」も、そんな寂しい意味に変わりつつある気がします。

★学校の意味はふれ合いの場

外に出ることが大切といっても、子どもが不登校になってしまった場合はどうしたらいいのでしょう。

なんとか気持ちを立て直させて、学校に行かせることも一つの道です。しかし無理強いはいけません。

どうしても今の学校に行きたくないようなら、転校も視野に入れてください。越境通学してもいいし、フリースクールもあります。今は選択肢が多いのですから、その中から本人が行きたい学校へ行かせればいいのです。そこが合っていればまた新しい仲間もできるでしょう。

ともあれ、家にひきこもらせることだけは避けてください。学校は勉強の場ですが、それよりも大事な役割は「ふれ合い」の場だからです。同年代のいろいろな個性を持った子どもたちと毎日をすごし、経験を共有する中で、心を成長させることが学校へ行く第一の意味なのです。ですから学校を変えてでも「通いつづけさせる」ことが大事です。

それでもどうしても行きたくないというなら、行かなくていいのです。乱暴に聞こえるかもしれません。でも「学校になんて行かなくてもいい」と言いきれるくらいのゆとりを親がまず持つと、子どももほっとして、かえって親に何でも話しやすくなるものです。親も子もパニックになっていてはいい解決策は見出せません。

勉強が後《おく》れるのが心配なら、家庭教師をつけるなどして自習させることもできます。ただしその勉強も、大人になって役立つものがどれだけあるのかは疑問です。たとえ教科書の進行に間に合わなくなっても、大人になったときに本人に心からやりたいことが見つかれば、必要な勉強は努力して本人が埋め合わせるものではないでしょうか。やる気さえあれば、それからでもじゅうぶん間に合うはずです。

親はそのためにも、「勉強が後れる分の埋め合わせは自分でするんだよ」ということだけは子どもに言い聞かせておくといいと思います。

そして本人の気持ちが落ち着いた頃、様子を見ながら少しずつ再び外の世界にもふれさせるようにしたいものです。

第5章

メディアから受ける影響

――ゲーム、インターネット、そして絵本

1　コンピュータゲームは愛を育まない

★バーチャルなゲームは危険

今どきの子どもたちの人気の遊びと言えば、やはりコンピュータゲームでしょうか。

コンピュータゲームは基本的に、いっしょに遊ぶ友だちを必要としません。一人で部屋にこもりきりでもできます。

子どもたちの心の成長にゲームがいいものでないことは、そこからだけでも推察できます。

もっと危惧《きぐ》してしまうのは、その内容です。

子どもは呑《の》み込みが早いし、手先も器用ですから、大人と同じゲームで遊ぶことにほとんど障壁はありません。殴《なぐ》ったり蹴《け》ったり、戦って殺したりするようなバイオレンス性の強いゲームで遊ぶことも可能です。しかしそのようなゲームで毎日遊んでいたら、その子のたましいはどうなってしまうのでしょう。

さらに最近のゲームはとても精巧に作られていて、画像や音がきわめて真に迫るものである点でも、子どもへの影響が心配です。子どもは好奇心や探求心の塊《かたまり》ですから、バーチャルリアリティの世界にわくわくし、いとも簡単に染まっていきやすいのです。

染まりすぎると、恐ろしいことに、現実との境が曖昧《あいまい》になっていきます。もちろんこれは大人にも言えることです。けれども大人に比べ、子どもは年齢的にまだ現実の世界にもじゅうぶんなじんでいないので、現実と虚構の世界の間で心のバランスをたやすく崩してしまいます。

私が子どもの頃も、同年代の子どもが当時大人気だった「仮面ライダー」の真似《まね》をして高いところから飛び降り、ケガをしたという事件がありました。

子どもというものは、元来そのくらい純粋で染まりやすいのです。

その純粋さ、染まりやすさを、同じことなら「愛」や「真善美」を育《はぐく》む方へと向けてあげたいものです。
いるでしょうか。

★リセット症候群

二〇〇一年九月十一日、アメリカで同時多発テロが起こったときのことを覚えているでしょうか。

事件直後はどのニュース番組でも、ニューヨークの世界貿易センタービルのツインタワーに航空機が突入し、爆発する瞬間を連日くり返し放映していました。しばらくして、このような映像の反復が幼い子どもたちに強い恐怖を与えているとわかり、問題になりました。幼い子どもには、過去の映像をくり返し放映しているだけだと理解する力がまだありません。そこで、そのつど、爆発していると受けとめてしまったようなのです。

映像というものはそれくらいリアリティをもって人間に訴えかけてきます。

コンピュータゲームの映像も同じことです。たとえ実物の映像ではなく、コンピュータグラフィックスの画像であっても、リアルにできていればいるほど現実に近い感覚で私たちの潜在意識にすり込まれていきます。

ですから、コンピュータゲームばかりしている子どもの思考がどんどんデジタル化していくのは明らかです。ゲームと同じように現実もリセットできるように錯覚し、気に入らない相手はゲームの中の人物のように消したいという衝動を持つようにもなりかねません。

これを私は「リセット症候群」と呼び、現代人のたましいの「自然霊」化をさらに煽《あお》り立てるものとして大いに警戒しています。

コンピュータゲームでは、生身の人間と折り合っていくための知恵や、他人を思いやる「愛」も育まれません。たましいの成長が止まってしまうのです。

★情操教育こそ大事

もう一つ、最近のおもちゃに心配な点があります。あまりにもよくできすぎていて、子どもたちに工夫の余地がほとんど残されていないのではないか、ということです。

遊びの中で工夫する楽しみ、想像する力を子ども時代に育んでおかないと、大人になったときに本人が困ります。目の前の現実に対処する力がない「マニュアル人間」になってしまうのです。

学校を選ぶのも、結婚相手や就職先を選ぶのも、世間でいいとされているものや、自分でない誰かの判断に従う。すると結局、「自分の人生の意味がわからない」、「何をしたらいいかわからない」という大人になってしまいます。自分で考える訓練ができていないから、自分のことさえ判断できなくなるのです。

スピリチュアル・カウンセリングをしていると、若い人たちの「私は何をして生きていったらいいのでしょうか」という相談の多さには驚かされるほどです。

トラブルに巻き込まれている若い相談者たちが、現実への対応力をあまりにも欠いていることにも驚かされます。霊視をする以前に、「すぐに警察署の防犯課に相談しなさい」、「病院の内科に行きなさい」などと教えてやらなければならないことがとても多いのです。

いちいち手とり足とり教えてもらわないと何もできない。できあいのキットやマニュアルを渡されないとものごとにとりかかれない。わが子をそんな大人に育てないために、親は少しでも工夫の余地のあるおもちゃで遊ばせてください。

音楽や美術など、芸術的な創作を楽しむ機会もできるだけ増やしてあげましょう。子どもは元来、創造性あふれる存在ですし、大人と違って理屈にとらわれず、芸術を全身で楽しむことができます。

情操教育こそが、たましいを育てます。

子どもたちのたましいの無機質化を阻止するためにも、芸術のジャンルの先生方に、今後ぜひがんばっていただきたいと願っています。

2　インターネットは諸刃の剣

★小学生にコンピュータは不要

どこの小学校でもコンピュータ教育が始まっています。デパートの家具売り場に行けば、パソコンが置ける仕様の学習机が並んでいます。

私は疑問に思うのです。

そんなに早期にコンピュータ教育を始める必要があるのでしょうか。社会全体で見ると、コンピュータやインターネットは今では必要不可欠となっています。これはもう後戻りできない流れでしょう。けれども、コンピュータはあくまでも大人が仕事のために使う「事務機」として考えるべきではないでしょうか。

頭が柔軟で呑み込みの早い子どもたちは、ゲームと同じ感覚で、みるみるうちにコンピュータの操作になじみ、インターネットの世界にも入り込んでいくでしょう。キーを押せばどんどん違った世界が目の前で展開していくのは、子どもにとってたまらなく面白い経験に違いありません。

そうしているうちに、子どもが見てはいけないような猥褻《わいせつ》なサイトや、残酷でグロテスクなサイトにも容易に行き着きます。まだ純粋な子どもたちにとってその内容はショッキングなはずです。しかしそこで好奇心が勝ってしまうと、やがてショックも麻痺《まひ》し、夢中になってしまう子も出てきかねません。

当然その子の潜在意識には、それらのショッキングな画像や内容が積み重ねられ、たましいのバランスを崩していきます。

器用な子どもは自分のホームページを作りもするでしょう。自分のメッセージを知らない人が読んでくれて、反響もある。これもまた子どもにとってはたまらなく面白い経験に違いありません。

そうしてますます生身の人間と向き合わなくなり、コンピュータと向かい合う時間が増えていくのは、果たしていいことでしょうか。

今の若い人に、すでにそのよくない影響が出始めています。インターネットを介してでないと人と接することができない。親しい友だちや家族にさえ、Ｅメールでないと本心が書けない。生身の人間と共感する力のない、そんな若者が増えているのです。

ですから私は、分別がつく前の子どもにパソコンを持たせてはいけない、触らせてもいけないとさえ考えているのです。

★大人になってからで間に合う

小学生からのコンピュータ教育が推し進められている理由は、「子どものうちになじんでおかないと、大人になって働くときに困るから」だそうです。子どもの心への影響を深く考えもしないでそのようなことを言っているのは、主に第2章で書いた「物質信仰世代」の人たちのようです。自分たちがコンピュータの普及の勢いについていけないから、そうならないように早期にコンピュータの操作を教え込むのが「子どものため」だと考えているのです。

しかし私はこれに同意できません。大人になってからでじゅうぶん間に合うはずだと思います。もちろん脳が発達途上にある若いうちに始めた方が呑み込みは早いに違いありませんが、感性が発達途上にあるうちに始めることには弊害の方が圧倒的に大きいのです。コンピュータを扱う能力が伸びる分、人霊《じんれい》として育まねばならない感性の成長が止まってしまうのですから。

コンピュータを触るのは、分別がつくようになってからでけっこう。少なくとも小学生にさせる必要はないと思います。

そのいい証拠が、現在ＩＴ産業の第一線で活躍している人たちです。彼らが子どものときからコンピュータになじんでいたかと言えばまったく違います。その頃はまだコンピュータは各家庭に置かれるような身近な存在ではなかったのです。しかしそんな世代から、今は世界的に活躍する人材も出ているのです。

人間は、本当に興味を持ったことは誰に言われなくてもやるものです。要は本人のやる気です。やる気が芽生えたときは、やる気がないのに無理やりさせられる場合の何倍、何十倍もの集中力と吸収力をもってマスターするものです。

仕事や学問を進める上でマスターする「必要」に駆られたときにも、目的意識があるためやる気は出ます。

小学生の子どもに、その「必要」があるとは思いません。

小学生時代に必要なこと――。それは何度も書いてきたように、「愛」と「真善美」を育むこと。情操を豊かに育むこと。これが一番なのです。

★心と機械は連動しない

コンピュータは人間が利用する機械であり、主人公はあくまでも人間です。

ですから文章を書く練習にしても、自分が心に思うことを自由自在に鉛筆で表現できるようになってから、コンピュータで作文する練習をさせるべきだと思います。基本的な表現力がじゅうぶん身につかないうちは、コンピュータの操作に気をとられて、文章に気持ちをこめられないだろうからです。

そもそも、コンピュータによる文章には、「言霊《ことたま》」、すなわち言葉のたましいがこもりません。心と機械は連動しないからです。

作家の中にも、一時期はパソコンで原稿を書くようになったけれど、やはり手書きの文章とパソコンの文章とでは味わいが大きく異なることがわかり、手書きに戻った方が少なくないと話に聞いています。

Eメールにも「言霊」は宿りません。ですからEメールによるけんかほどたちの悪いものはないのです。佐世保の女子小学生による同級生殺害事件も、自作のホームページにいやなことを書き込まれたことがもとだったようです。

自分の子どもに、どうしても早いうちからキーの操作になじませておきたいというなら、パソコンよりピアノを習わせるといいと思います。

ピアノを習っていると、手先が器用になるし、脳の訓練にもなるといいます。そして何より情操教育になります。

コンピュータに感性は要《い》りませんが、音楽には感性が欠かせません。

コンピュータのキーを柔らかくタッチしたら、柔らかい文章ができあがるということはありませんが、ピアノは柔らかくタッチすれば、柔らかい音が出ます。心とピアノは連動しているので「表現」の力が磨かれるのです。

文章は鉛筆で練習し、キーはピアノでなじんでおく。そして、分別がつく年齢になったらパソコンを習得し、キーボードで文章を書く。それでよいのではないでしょうか。

★「匿名」の書き込みは卑怯

子どもに限らず、感性が未成熟な人がインターネットの世界にはまり込むことは、非常に危険なことです。

インターネットは便利なツールです。私も日々活用しています。

しかし同時に、インターネットが人霊の「自然霊」化を加速させる土壌ともなっている点は決して見逃せません。

私が特に警戒すべきと考えているのは、ウェブサイトの掲示板です。

もちろん理性的、建設的な情報が交わされているウェブサイトならいいのです。しかし一方には、他人の悪口、目立つ存在へのねたみ、そねみが並ぶだけの俗悪なサイトも実に多いのです。「インターネットの掲示板は、便所の落書き」と言った人がいましたが、まさに言い得て妙ではないでしょうか。

罵詈雑言《ばりぞうごん》やねたみが渦巻く泥水のような世界に、わざわざパソコンを立ち上げ、みずから浸《つ》かりに行く人が多いというのも悲しい話です。ほかに楽しみはないのでしょうか。語り合う友だちはいないのでしょうか。

「言霊」の宿らない、ネガティブな言葉が無責任に垂れ流される中で、人霊の「自然霊」化がこの世にひたひたと広がっている——そんな気がして、私はそうした掲示板を心底恐ろしく思っています。

そもそも問題なのは「匿名」での書き込みが常識化している点です。「匿名だからこそ本音が言える」などと堂々と語る人もいます。霊的真理を学んでいながらもそういう発言をする人がいて、本当に驚かされてしまいます。

私には理解できません。なぜ匿名でないといけないのでしょうか。自分自身の意見をなぜ公明正大に実名で書けないのでしょう。実名が出るからこそ、間違いのない文章を書こうという責任感を持てるのではないでしょうか。

自分の出す「言霊」を尊重し、責任を持ち、どう反駁《はんばく》されようと受けて立つのは、霊的真理の上からも当然のことだと思います。ですから私のサポーターズクラブのサイトの掲示板では、実名での書き込みが原則となっています。

自分の意見を言うことは、けんかを売ることとは違います。なのに今のウェブサイトの掲示板では、ただ匿名で言いたいことだけ言って逃げるような、弱気で卑《ひ》怯《きょう》な態度が横行しています。

自分の意見に自信が持てないのならば、匿名にしてまで発言する必要はないと私は思います。自分自身によく問うてみて、発言すべきと判断できたものだけ、実名で堂々と発言すればいいのです。

その意見が多くの人に読まれ、その反響などから、自分の発言が誤りであるとわかったら、そのときは正直に訂正し謝罪すればいい。また、そうするべきです。

★無責任な「言葉の殺人犯」
「インターネットが普及してから、匿名で本音が言えたり、愚痴《ぐち》を吐き出せたり、内部リークができるようになった。おかげで世の中の風通しがよくなった。だから、インターネットの掲示板は必要悪である」と考える人は多いようです。

ネガティブな言霊だと自覚した上で、無責任にそれを垂れ流している、姿なき確信犯たちが、それだけ暗躍しているということなのでしょう。

そこにすでに「自然霊」化するこの世の闇《やみ》の深さを見ます。「愛」と「真善美」の光を見失い、さまよう人霊たちの姿を見ます。

「表向き誰だかわからなければ、何を発言してもいい」という身勝手な理屈を許せば、嘘《うそ》を言ってもいいことになります。「表向きいい子の体裁を保てたら、陰でいじめをしていてもいい」と考える子どもたちと同じです。

そうなれば、この世はまったく歯止めが利《き》かない無法地帯と化します。一人ひとりがてんでんばらばらに不平不満、罵詈雑言、ねたみ、そねみを垂れ流すだけ。当然、殺人も増えるでしょう。「匿名なら悪口を言ってもいい」なら、「覆面なら殺人をしてもいい」と流れていくのはたやすいことです。

なぜなら霊的真理の上では、思い、言葉、行為はまったく同じものだからです。この三つを区別するのは、目に見えるか否かを判断基準とする物質主義的価値観のみ。霊的価値観では、「動機」が同じなら三つとも同じことです。つまり「あんなやつ、死んでしまえ」と心に思うことは、実際に殺人に及ぶのと同じ「因果《カルマ》」になるのです。

インターネットの世界では今、言葉の「力」で相手を傷つけ、理屈の「力」で相手をやり込めようという「言葉の殺人犯」が蔓延《まんえん》しています。

人間らしい心が、もうそこにはありません。

インターネットの世界にこもり、「匿名」で好き勝手な言霊を吐き続けているのは、とても心寂しい人たちです。現実の生活の中に理解者もいない、本音を分かち合う友もいない、「愛の電池」が切れかけた人たちなのです。

でも寂しいとは言えない。愛がほしいとも言えない。だから愚痴でも悪口でもかまわず吐き出して、幼い子どものように、世の中に甘えているのです。

ひょっとすると、寂しいという感覚さえ鈍いのかもしれません。「匿名」にしているのは、実は良心に逆らっているという罪悪感ゆえなのだということにも気づけていないかもしれません。人霊として成熟していない人間が、良心にも罪悪感にも無頓着《むとんちゃく》なのは、何の不思議もないことです。

3　二冊の絵本をめぐって

★絵本に対する私の思い

活字離れが進んでいます。テレビの普及以来言われてきたことではありますが、加えて最近は、子どもも若者もゲームやインターネットに夢中になっていることが拍車をかけているのでしょう。インターネットやEメールを通じて文字は読んでいるのでしょうけれど、それは本の活字と一緒にはできません。

子どもや若者にはやはり本を数多く読んで、「真善美」に対する感性を磨いてほしいと思います。本がすべて良書とは限りませんが、数多く読むうちに、良書とそうでない本の違いを見きわめる目も養われていくはずです。

私は以前から絵本の世界に注目しています。幼い子どもが「真善美」への感性を育む上で、絵本はとてもすばらしい教材だと思うからです。

解説しすぎず、絵と行間に語らせる絵本は、私たち大人にも多くを教えてくれます。

子どもの感性を育んであげられない未成熟な親が増えている今、絵本はいわば親代わりともなって、子どもに「愛」の心と「真善美」を教えてくれるでしょう。

これから『にじいろのさかな』と『おおきな木』という二冊の絵本をとり上げな

がら、絵本とは何かを考えていきたいと思います。

★『にじいろのさかな』

わが家の子どもたちが幼い頃は、私もいっしょに数々の絵本を読みました。知人から絵本をプレゼントしていただくこともよくありました。

『にじいろのさかな』もその一つ。この絵本は大変人気があるそうで、くださった方が二人もいたので、今わが家の書棚にはこの本が二冊あります。

子どもたちに読ませる前に、私はこの本を一読してみました。

正直なところ、なぜこの本が良書と言われているのか理解できませんでした。むしろその内容は、私にはどうしても腑《ふ》に落ちないものでした。

あらすじはこうです。

あるところに、虹色《にじいろ》のきれいなウロコを持った魚がいた。虹色のウロコのところどころにきらきら輝く銀のウロコもあり、そのことで魚はちょっとうぬぼれてもいた。ほかの魚が寄ってきても相手にせず、お高くとまるだけ。ほかの魚からそのきれいなウロコを一枚ちょうだいと言われたときも、虹色の魚は断った。

いつのまにか虹色の魚は仲間外れになっていた。

そこでタコに相談したら、おまえのきらきら輝くウロコをみんなに一枚ずつ分け与えるといいと言われ、魚はそのとおりにした。

するとほかの魚たちは喜び、虹色の魚と仲よくなった。——という物語です。

言わんとしていることは何となくわかります。分け与えることのすばらしさを教え、虚《むな》しいうぬぼれを戒《いまし》めようとしている絵本なのでしょう。

では何が腑に落ちないのか、私は何度も何度も読み返して考えてみました。

そこで浮かんできたのが二つの言葉、「打算の愛」と「無償の愛」でした。

私がこの本に違和感を感じてしまう理由の一つは、ごく単純に読むと、ウロコを分け与えたことが、ともするといわば一つの「条件」となって、ひとりぼっちだった虹色の魚がほかの魚たちと仲よくなれたようにも読みとれてしまうことです。

きれいなウロコをくれなければ仲間外れにし、くれたら仲よくなるという魚たちの態度の変化を、子どもたちはどう受けとるでしょうか。

物質主義的価値観による「打算の愛」と、本当の友情とを混同してしまうのではないかと思うのは、私の心配のしすぎでしょうか。

「絵本の中のキャラクターに目くじらを立てるなんて」と笑う人もいるでしょう。けれども絵本だからこそ私は危惧するのです。

もちろん「分け与える」ことはすばらしいことです。しかしだからこそ、幼い子どもにそれを教える方法はデリケートな配慮をもって選ばねばならないと私は考えるのです。

この物語のメッセージを、以上のように解釈した子どもたちが現実の人間関係に応用するとどうなるか、私は想像してみました。

持っているものをみんなに分け与えない子どもは仲間外れにされる。

分け与えて当たり前、分け与えなければ悪と考えるようになる。そこで多くを持っている子どもに、まわりの子たちは集団でゆすり、たかりを行うようになる。

または逆に、ものを与える代わりに友だちになってもらおうという、寂しい子どもが出てくる。

こうしたことが出てくる恐れもなくはないと思うのです。

★題材選びの難しさ

この本に違和感を感じる二つめの理由は、「ウロコ」を題材にしている点ではないかと思います。

ウロコは基本的に、生き死にには関係しません。いわば見た目が美しいかどうかというアクセサリー的な部分です。もっとも生物学では、ウロコが減ると生命の維持に影響するといったことがあるのかもしれませんが、この物語に出てくる輝くウロコはそういう設定にはなっていません。輝くウロコをみんなにあげたあとも、虹色の魚は楽しそうに泳いでいるくらいですから。

虹色の魚が持っていたものがウロコではなく、生きていくために必要な「エサ」ならば、確かに独り占めせず、みんなに分け与えた方がいいに決まっています。エサを分け与えたことで多くの魚たちの命が救われ、虹色の魚はエサを独り占めしていた今までの自分を恥じたというなら、物語の説得力も違ってくると思います。

もっとも作者は、物語の中のウロコを、お金や「もの」のたとえとして使ったわけではないのかもしれません。生まれつきそなわっている能力や、思いやりの心など、かたちのない人間の美点のたとえとして使っているのかもしれません。

あるいはこうも考えられます。きらきら輝くウロコは、虹色の魚が「自分は特別な存在だ」と思い込む、心の虚飾のたとえである、と。そう読みとれば、確かに傲《ごう》慢《まん》さは孤独と苦しみを生むだけなので、手放して自由になった方が、心の平安という幸せが虹色の魚に訪れるでしょう。たくさんの仲間とうちとけ合えるようにもなるでしょう。

しかしそうだとしても、幼い子どもたちにそういう高度な解釈ができるでしょうか。ウロコはかたちのないもののたとえだと理解できる幼児はどのくらいいるでしょう。

子どもは純粋そのものです。ストレートに、ウロコをおもちゃや何かに置き換えて、日々の人間関係に応用する恐れがないとも限りません。

また、こうも思います。ウロコが生まれつきの長所のたとえならば、それは「あげる」ものではなく、みんなのために「発揮する」もの、「役立てる」ものではないか、と。

たとえば虹色の魚が、魚のカップルの結婚式で、きれいなウロコをひらひら舞わせるダンスを披露するというアイディアはいかがでしょう。カップルの後ろで金《きん》屏風《びょうぶ》の役割を務めるというのも面白いかもしれません。

虹色の魚は生まれつき持っていたすばらしい個性であるウロコを「発揮」して、みんなのために「役立てる」というわけです。

すると出席していた魚たちはみな大感激し、結婚式を楽しく演出してくれた虹色の魚の心意気に感謝します。虹色の魚は、みんなが喜んでくれたのがとてもうれしくて、「またいつでもぼくを呼んでね。いくらでも踊るからね」と言います。そうして虹色の魚が人気者になっていくという物語なら、私も好きになれそうです。

自分の身から輝くウロコのほとんどをはがすような痛々しいことをしなくても、今の個性のままで虹色の魚は幸せになれるし、きれいなダンスを見せてほかの魚を楽しませることもできるのです。

それに、考えによっては、きれいなウロコをまとっていても自分でそれを見ることのできない虹色の魚より、虹色の魚のみごとなダンスを鑑賞できるほかの魚たちの方が、ずっと幸せ者かもしれないのです。

★自由な解釈の余地を

もう一つ違和感を禁じ得ないのが、タコの言葉です。タコは、仲間外れにされていることに悩んで相談に来た虹色の魚に、そのウロコをみんなに一枚ずつ分け与えたら、幸せとは何かがわかるだろう、というようなことを言っているのです。

それ自体が、先に書いたような誤解を生みかねませんし、さらにこの言葉が、そのままこの絵本の唯一の結論となっているように感じられるのです。

私が一読して感じたように、「え？　それで仲よくなるのはおかしいんじゃないの？」と思わせるのがこの絵本の本当の狙《ねら》いだという可能性もなくはないと思います。間違いを提示するのも、確かに絵本の一つのあり方でしょう。

しかしたとえそうだとしても、タコが結論らしきことを言い、そのままラストに行きついて「めでたし、めでたし」というこの展開では、幼い子どもはなかなかその間違いに気づけないと思うのです。

絵本には、結論を明らかにしすぎず、読者に考えさせる余地、疑問を感じさせる余地を残す必要があると思います。

たとえばこの絵本にも、タコのほかに、別のアドバイスをするイカやサメなどがいれば、また印象は違ったと思います。

また、ほかの魚たちの中に、みんなとは違う意見の魚がいてもいいと思うのです。

私ならこういう魚を登場させます。虹色の魚がウロコを「あげる」と言っても、その魚だけは「ぼくは要らない」と言うのです。そして「きみはずっとそのままでいて。きみがたくさんのウロコをまとった姿はとてもきれいだし、見ていてとても楽しいよ。それに、きみにそのきれいなウロコがあってもなくても、ぼくはきみの心が好き。ぼくもぼくのままで満足さ。だから要らないよ」と言うのです。

あるいは「ウロコと引き替えにぼくと仲よくなろうって思っていたの？　わかっていないなあ。きみが仲間外れになってしまうのは、その心が問題だからさ。ぼくたちの心をウロコで買おうなんて失礼だよ。そんなことしなくたって、ぼくたちは友だちになれるはずじゃないか」と言って、虹色の魚を諫《いさ》める魚がいてもいいと思います。

虹色の魚は、こうして本当の友情に目覚めていくのです。

★『おおきな木』

次にとり上げたい『おおきな木』は、こんなあらすじです。

あるところに一本のりんごの木があった。

木は、いつもやってくるやんちゃな少年が大好きで、楽しい遊び場や、涼しい木陰や、おいしいりんごの実を与えていた。少年を喜ばせることが木の幸せだった。

大人になった少年は、木に対してしだいに大きな要求をするようになっていく。りんごの木はそのたび要求に応《こた》えた。

「お金がほしい」と言えば、りんごの実を与え、これを売ってはどうかと提案した。「家がほしい」と言えば枝を与え、材木にしてはどうかと提案した。「舟で遠くに行きたい」と言えば、自分を根元から切り倒し、幹で舟を作ってはどうかと提案した。りんごの木はとうとう、切り株だけになった。長い歳月がたった。すっかり歳《とし》をとった男（主人公の少年）が切り株のところにやってきて、「もう何も要らない。座って休む静かな場所さえあればいい」と言った。

木は喜んで、男を切り株に腰かけさせた。――という物語です。

私が初めてこの絵本を読んだのは中学生のときでした。絵本とはもう縁の薄い年齢でしたが、当時とても話題になっていたのでなにげなく手にとったのです。恥ずかしながら私は号泣してしまいました。りんごの木に宿る「無償の愛」に、心の奥から揺さぶられたからです。

大人になった今読んでも、とてもいい絵本だと思います。いくつもの読み方、学び方ができる点でもとても好感が持てます。こう解釈しなさい、こういう教訓を得なさいといった「答え」が、どこにも明確にされていません。

与える一方のりんごの木のあり方がすばらしいとも書いてありません。作者はそれを手放しで肯定してはいないのです。「だけど　それは　ほんとかな」（本田錦一郎氏訳）という言葉から、それがよくわかります。

絵本には、りんごの木が少年（男）に何かしてあげるたびに、「きは　それでうれしかった」という言葉が決まり文句のように入っています。けれども終盤で一カ所、「きは　それで　うれしかった…」の後に、「だけど　それは　ほんとかな」という一言が入っているのです（ちなみに原書の英語は「but not really.」となっています）。

木に対しても、男に対しても、「そんなことで本当にいいのかな？」と問いかけ、読者にも「みんなだったらどうする？」と、よくよく考えることを促《うなが》しているこの一言は、この絵本全体に対し、みごとな効果を上げているように思います。

『おおきな木』は、考えさせてくれる絵本であり、大切な「何か」に気づかせてくれ、人としての感性を育むことのできる絵本なのです。

★無償の愛に気づき感謝する心

「無償の愛」。この絵本自体が「答え」を出していなくとも、読めば誰もがこの言葉を思い浮かべることでしょう。

この絵本は「無償の愛」を捧げることのすばらしさだけでなく、問題点をもたくみに提示しているように思います。なにしろ少年（男）は、与えられてばかりいることに気づきさえせず、当たり前のように木から受けとるだけ受けとって「ありがとう」の一言も言わないのですから。そのため、お人好しなりんごの木に苛立《いらだ》ちを覚えたとか、恩知らずな少年（男）に腹が立ったといった感想を持つ人は多いようです。

幼い子どもが読んでも同じようなことを感じるでしょう。子どもというものは、大人のように上手な言葉で感想を言えませんが、非常に鋭い感性を持っているので、たくさんのメッセージをこの絵本から受けとるはずです。

そして、物語のメッセージを深く読みとれた子どもは、無意識のうちに少年（男）を「こういう人間にはなるまい」という反面教師にしていくでしょう。無償の愛を向けてくれる人がいれば、それに気づいて感謝し、無償の愛に応えようと思える感性をそなえた大人に成長していくでしょう。

ちなみに私自身の解釈では、りんごの木の愛はただ甘やかしているだけの愛とは違うと思っています。なぜなら木は、お金や家や舟がほしいと言う少年（男）に、そのもの自体をあげてはいないからです。もしそうなら、おもちゃやお金をほいほい子どもに与える親と同じです。しかしこのりんごの木は、自分自身の実や枝を、いわば「知恵」として与えているだけ。「これを役立ててはどうですか？」と提案まではするものの、あとは少年（男）に委《ゆだ》ねているのです。

惜しみなく愛を注ぎ、しかし安易に答えは与えず、本人に考えさせ、行動させる。このりんごの木のあり方は、あるべき「親」の姿であり、霊的世界にいる私たちの守護霊の姿にも重なります。

この物語でもう一つ興味深いのは、りんごの木に感謝の心を向けていない少年（男）が、そのくせ人生の節目節目にりんごの木のもとに戻ってくることです。

りんごの木に甘えて「おねだり」するためだけかというと、違うと思います。

お金や家を得て幸せになろうとするものの、いつも疲れ果てて帰ってくるのは、いつまでも愛がわからないままだからではないでしょうか。人間は物質によっては幸せになれないこと、愛に気づき感謝できる感性こそ大事だということに気づかないままだから、ヒントを探していつまでもさまよっている。私はそう解釈しています。

読めば読むほど味わいを増す『おおきな木』。このような名作にまた出会いたくて、私はこれからも絵本の世界から目が離せません。

★現代の親を木にたとえると

りんごの木と、少年（男）。この関係は、まさにこの世の「親子」の関係を語っているように思います。

『おおきな木』という本を、りんごの木の立場になって読む人が多いようです。しかし私はその意味で、少年を自分自身に、りんごの木を、親や守護霊に置き換えて読んでみるようおすすめします。

親や守護霊の無償の愛に気づいていない自分の姿が、少年の中に見えてくるはずです。そして、本人が自分で大事なことに気づくまで、ただ辛抱強く見守っている親や守護霊の「大我《たいが》の愛」が、りんごの木の中に見えてくるはずです。

もっとも、物質主義的価値観に侵された今の世に、この物語のりんごの木のような親は、探してもあまりいないかもしれません。

現代版『おおきな木』を作るとしたら、さしずめこんなふうになるでしょうか。

りんごの木（親）が少年（子）に実を与えて言いました。「これを街で売っておいで。そのお金で世間様におまえを立派に見せるタキシードを作ってくるんだよ」。しかし少年は上手に売ることができませんでした。すると木は「まったく何やってんだい。おまえのためを思ってこそ私はあれだけの実をならせたんだよ。それをこれっぱかししか稼げないなんて、だめな子だね」と言って少年をひどく叱《しか》りました。

次に木は、枝を与えて「これでステッキを作りなさい。おまえが偉く見えるようにね」。しかし少年は上手にステッキが作れませんでした。すると木は「まったく、このろくでなし！　骨身を削って枝を折らせてあげたのに、このざまかい。おまえを立派にしてあげようと、こんなにも苦労しているのがわからないのかい」と言って、また少年を叱りました。

――いかがでしょう。

おまえを立派にするために、これだけしてあげたのに、あれだけしてあげたのに、と数え上げる打算の愛。親子間にもギブ・アンド・テイクを求める物質主義的価値観。

やや大げさとしても、現代はこんな木のような親も少なくないのではないでしょうか。

そんな親子をモチーフにした現代版『おおきな木』の結論はどうなると思いますか。

その一。あるとき少年は言いました。「ぼく、疲れちゃった。ぼくは地位や名誉にとらわれずに自由に生きたいんだ。実も枝も要らない。この木陰でくつろがせてくれるだけでじゅうぶんなんだよ」。それを聞いた木は自分を恥じて泣きました。

その二。あるとき少年は言いました。「ぼく、疲れちゃった。ぼくは地位や名誉にとらわれずに自由に生きたいんだ。森の中だけが世界じゃないさ」。そしてりんごの木を残して広い世界へ旅立ち、本当の自由と幸せを得ました。

その三。あるとき少年は言いました。「ぼく、疲れちゃった」。明くる朝、その木の枝には吊り下がっている少年の姿がありました。

その四。あるとき少年は言いました。「ぼく、疲れちゃった」。明くる朝、その木は切り倒されていました。そして少年は、木を放ったまま旅立ってしまいました――。

三と四のような悲劇がこれ以上現実にならないよう祈っています。

＊本章では、下記の本を参考にさせていただきました。
マーカス・フィスター作、谷川俊太郎訳『にじいろのさかな』（講談社）。シェル・シルヴァスタイン作、ほんだきんいちろう訳『おおきな木』（篠崎書林）。

第6章

新しい「家族」の時代

――光に向かうための選択

1　大きな家族で子育てを

★広い意味での「家族」主義

たましいの子育てに必要なのは、親子のふれ合いと家族の絆《きずな》だと書いてきました。この「親子」や「家族」という言葉を、究極的にはもっと広い意味でとらえていただきたいというのが私の願いです。

血のつながったわが子だけでなく、近所の子どもたちや、子どもの友だちのことも、みんなわが子のように愛おしむ。寂しそうにしていたら話しかけ、ケガをしていたら手当てをしてあげ、お腹《なか》をすかせていたらご飯を食べさせてあげる。昔の地域社会に当然のようにあった隔てのない関係を、今こそとり戻すべきときではないかと思うのです。

そうすれば子どもの方も、近所のおじさんやおばさんを慕うようになり、どんなに家庭の中が寂しくても、自分の内側にひたすらこもっていくような悲しい事態は避けられるでしょう。

本書を通じて私が主に提言していたのは、「親子関係を見直しましょう」、「子どもには多くの他人にふれさせましょう」という二つのことでした。そして実はその先に、新しい「家族」主義を提唱したいという熱い思いを持っているのです。

血のつながりも、物質的な利害も超えた、新しい「家族」関係をお互いに築いていくことで、今の世の中に蔓延《まんえん》している閉塞感《へいそくかん》や「自然霊」化を食いとめていけたらと、心から願っているのです。

★新しい「疑似家族」とは

ひと昔前までは、地域社会の交流があっただけでなく、居候《いそうろう》や下宿人が同じ屋根の下に暮らす「雑居家族」も珍しくありませんでした。それがごく自然だった社会には、子育てに悩む孤独な母親の姿も、ひきこもる子どもの姿もめったになかったでしょう。子育ても、病人の看病やお年寄りの介護も、お互いに一種の「疑似家族」として手を貸し合えた時代だったのです。

私はここで「昔に戻りましょう」と言いたいのではありません。昔の「疑似家族」は、いかに結束が固くても「よその人」はやはり「よその人」だったはずです。ましてや、同じ屋根の下に暮らすというかたちにこだわるわけでもありません。それは物理的にも限界があります。心でつながっていれば、離れていても、たとえ国が違っていても一つの家族——そんな関係を思い描いているのです。

新しい「疑似家族」は、血縁を超越した大きな「家族」。

家族でない「よその人」は一人もいないような「家族」。

究極的には、地球上のすべての人間を一つの家族と見なすような「家族」です。

このような「家族」が実現すれば、この世は単に「自然霊」化を回避できるだけではありません。

家族やご近所関係のぬくもりが生きていた、今の人たちが古き良き時代と懐かしむ昔と比べても、はるかにすばらしい世界になると思うのです。

す。

★ぬくもりを求める若者たち

クールでなにごとも割り切っているように見える現代の子どもや若者たちが、「家族」的な関係をありがたがるとは思えない――。そんな声も聞こえてきそうです。

けれども私は、「家族」を求める若者の姿を随所に見るのです。

日本や世界の方々を旅しながら、民宿やペンションのおじさん、おばさんを慕っている若者たち。行きつけの定食屋さんなどで、店主や女将《おかみ》に恋愛の悩みを聞いてもらっている若者たち。

彼らは心のどこかで「親」のぬくもりを求めているのです。

たとえは極端かもしれませんが、やくざの世界にもそれを感じます。「親分」「兄貴」「弟分」。彼らはそういう表現でお互いを呼び合います。

夜の店で働く女性たちも、「ママ」「〇〇姉さん」などと呼び合います。

みんな、「疑似家族」を求めているのです。家族同然の絆、ぬくもり、帰属感を求めているのです。

また、その中で、自分自身の存在の確かさを感じたいのです。「肉の家族」でそれらを得られなかった人は、なおのこと強く求めるのではないかと思います。

私がスピリチュアル・カウンセリングなどを通じて知り合った若者たちは、家族関係に寂しさを抱いていることがしばしばです。家族愛の基本が打算の愛に変貌《へんぼう》したあとに生まれている世代ですから、家族に寂しさを感じていない若者の方が少数とも言えるでしょう。

ですから私が親身になって接すると、彼らは本当にうれしそうな笑顔になります。ですから私は、ときにはお父さん、ときにはおじいちゃん、ときにはお母さんやお兄さんとして彼らの話に耳を傾け、心配し、諫《いさ》め、癒《いや》し、励ますのです。

★すべての人間は「類魂」

これだけ殺伐《さつばつ》とした時代にみんなが「家族」になろうなんて、無理だし、絵空事にしか思えないという人も少なくないでしょう。

けれども私は無理なこととは思っていません。絵空事とも思いません。

なぜなら、事実、たましいの上ではみんな「家族」だからです。

ここで少し専門的な話をさせてください。

「霊的真理」の八つの法則の一つに、「類魂《るいこん》の法則」があります。

私たちは一人ひとり、霊的世界に「肉の家族」、つまり普通の意味での家族とはまったく別の「たましいの家族」を持っているという法則です。この「たましいの家族」が「類魂」です。英語では「グループソウル」と言います。

「類魂」にも、広義の類魂と、狭義の類魂があります。

広義ではすべてのたましいを「類魂」ととらえます。「神」という「大我《たいが》の愛」のエネルギーの中心も、この世に生きる私たち一人ひとりも、霊的世界を構成するたましいはすべて一体であると考えるのです。

物質界に生きている私たち人間は、肉体が個別に分かれているため、一人、二人と数えられます。自分と他人に分けて考えるようにもなります。しかしたましいは物質ではないため境目なくつながっていて、一人、二人とは数えられません。自分、他人という概念もありません。すべてが一体の存在であり、すべてが自分なのです。

その広義の類魂の中にも、より似通ったたましい同士の集まりが無数にあります。それが狭義の類魂です。

たとえば同じ北海道の出身者にも、札幌がふるさとという人と釧路《くしろ》がふるさとという人がいるように、私たちはみな広義の類魂をふるさととしながら、同時に一人ひとり違う、狭義の類魂というふるさとを持っているのです。

狭義の類魂は、非常によく似たたましい同士の集まりです。たとえばあなたにもっとも近い狭義の類魂の中には、あなたの守護霊もいれば、あなた自身が経てきた数々の前世もあります。それぞれにこの世に生きたときの経験は千差万別ですが、個性は同一なので、すべてまとめて「自分自身」ととらえてもいいほどです。

ちなみに第2章などで「親と子はたましいは別」と書いてきたのは、狭義の類魂が別々であるという意味です。

★遠くの親戚より近くの「類魂」

たましいを磨くためにこの世に生まれた私たちを、類魂は霊的世界でいつも見守り、応援しています。私たちの向上は類魂全体の向上でもあるからです。

この世でお互い同士を他人だと思っている私たちも、霊的世界では一体の「家族」なのです。私たちがみな別々の肉体を持って生まれていること自体、他人同士になってこそお互いの向上のために「切磋琢磨《せっさたくま》」し合えるからです。一体のままではぶつかり合うこともできませんし、教え合うことも、愛し合うこともできません。

この霊的真理の視点に立つと、血縁にこだわる愛がいかに狭いものか、理解できるのではないでしょうか。

もちろん、「血縁こそ大事」という物質界特有の思い込みがあるからこそ、人間は家族愛を持つことができます。しかしその家族愛は、霊的真理から言うと、ほとんどは「小我《しょうが》の愛」です。「わが家が幸せならいい」という狭い愛になりがちですし、「親として自慢できる子に育てたい」といった打算の愛にも傾きがちです。

「肉の家族」とは、そうした「小我の愛」の中でまず学び、やがてより広い「大我の愛」に目覚めるよう、学びの通過点として設けられた一つの仕組みなのです。

つまり私たちは、ゆくゆくは必ず血縁への狭いこだわりを超え、すべての人を家族同然に思えるような「大我の愛」に目覚めていくことになるたましいなのです。

それならば、もう今から、血縁を超えた大きな「家族」を意識してもいいのではないでしょうか。物質主義的価値観が蔓延した結果、「肉の家族」のつながりが薄くなり、「小我の愛」を育《はぐく》む場としてさえ機能しにくくなった今、「肉の家族」から「たましいの家族」に目を向け始めてもいいのではないでしょうか。

なにしろ、さまよう子どもたちや若者たちのSOSはどんどん大きくなるばかりです。彼らに「肉の家族」を超えた「大我の愛」を注ぐことは今まさに急務です。

子どもや若者だけでなく、孤独なあまり心を涸《か》らした大人も多い今、すぐそばにたくさんの「家族」がいることに、みなが目覚めなければならないときです。

「遠くの親戚より近くの他人」とは、スピリチュアルな視点で見ても名言なのです。

★疑心暗鬼では行きづまる一方

親は子どもを家の中で抱え込まずに、他人に委《ゆだ》ねて育てることを知ることが大切だと書いてきました。とはいえ、とんでもない事件ばかり耳にする昨今は、恐ろしくてわが子を外に出したくないかもしれません。他人は最初から悪人と疑ってかかる方が安心と思っているかもしれません。その心配も痛いほどよくわかります。

しかしそんな今だからこそ、大人も子どもも世の中に目を向け、荒波にもまれ、その中で人間同士がお互いに理解し合わなくてはいけないと思うのです。

子どもが危険な目に遭《あ》ったり、悪の道に染まっていったりするのを放っておきなさいと言いたいのではありません。

むしろそうならないよう、幼少のうちから多くの他人にふれさせ、「愛」と「真善美」を見きわめる目を養わせることが大切なのです。

このときの親の役目は「これはだめ、あれはだめ」と指図することではありません。ともにいて、ともに考えていく姿勢が大事です。

心を開いて世の中を見たとき、「そう悪い人たちばかりではない」ということがわかるはずです。自分と同じように孤独に悩んでいる心やさしい人たちはたくさんいるものですし、「大我の愛」に目覚め、立派な活動をしている人も実際にたくさんいます。

私はマスコミの人たちに、ショッキングな話題、不安を煽《あお》る話題ばかりでなく、目立たなくても地道に立派な活動をしている、たとえば教育関係、児童福祉関係の施設、専門家、団体などをもっと取材して世に広めていただきたいと思います。

そういう存在がもっと知られれば、子育てにどうしようもなく行きづまっている親や、虐待をやめられない親たちも、「相談してみよう」とか「少しの間、預けてみよう」といった勇気を得るようになるでしょう。あるいは、そういう施設や専門家の存在を知っただけでも心に風穴が開くかもしれません。

自分自身が経済的、精神的に子育てできる状況にないときも、いつかまたできるようになるときまで子どもを預けられるたくさんの「お母さん」がこの世にいる。それは孤独な思いで子育てをしている母親たちには福音となるに違いありません。

2　子も親も先生も、みんなで育てる

★親のない子を育てよう

これからの家族は、血縁を超えた広がりを持っていくべきだと書いてきました。私が以前から著書などで薦《すす》めている「養子縁組」もその一つです。

今、日本には不妊に悩む女性が大勢います。彼女たちの多くは、子どもがほしいという願いを数々の不妊治療（生殖補助医療）に託すようです。

そうした努力を私は否定しません。妊娠への努力の中で得る経験と感動は、ほかのどんな経験や感動とも同様、たましいに永遠に刻まれる宝となるからです。

けれども私自身は、「たましいの上ではみな家族」という「霊的真理」の視点から、自分のお腹を痛めることにあまり固執《こしゅう》しすぎるのもどうかと思っています。

子のない夫婦がいる一方には、親のない子もたくさんいるのです。「養子縁組」という選択に目を向けさえすれば、子を求め、親を求める者同士、すばらしい出会いができるはずなのです。

それに、たましいの目で見ると、「養子縁組」というかたちで出会う子どもも、れっきとした「わが子」です。出会うからにはやはり神秘的な縁《えん》が働いているのです。縁のない子どもには、出会うことさえありません。親のない子どもがこの世にごまんといる中から、たった一人の子が自分の子としてわが家にやってくるのは、ある意味で奇跡そのもの。宝くじ並みの確率をくぐり抜けてのことです。

人類はみな「たましいの家族」ですから、「国際養子縁組」もすばらしいことだと思います。私の知人もそれを立派に実践し、どの親子にも負けないくらい仲のいい家庭を築いています。

★きょうだいのような家庭教師

「家庭教師」という存在もまた、「たましいの家族」という視点から、ぜひとも見直されてほしいと思っています。

実は私自身、子どもの頃に、家庭教師の先生のおかげで成績がのびたという経験があります。その先生は思春期の私のよき相談相手でもありました。

現在の私を知る人には意外かもしれませんが、私はどちらかというと引っ込み思案な子どもでした。四歳で父親に死なれて以来、家の中は祖母と母と姉。私を除くとすべて女性でした。唯一のきょうだいである姉とは七つも離れていたせいもあって、かわいがられてはいるけれど、その分ひ弱で内弁慶な男の子だったのです。

学校の勉強についていけなくても、母は外で働いていましたから、家でそれが言えませんでした。姉がよく教えてくれましたが、なにしろきょうだいです。「こんなこともわからないの？」などときつく怒られることもしばしばで、私はますます「わからない」とは言いづらくなっていきました。

そういう状況でしたから、私は学校で特別できのいい子ではありませんでした。

転機が訪れたのは、姉の男友だちが大学に進学した頃。その人が、アルバイトとして私の家庭教師についてくれることになり、それから私の成績はどんどん上がったのです。

家庭教師は一対一なので、どこでどう理解につまずいているのかをきめ細かく見てもらえます。おかげで私は「できない」、「わからない」と言うことが恥ずかしくなくなりました。

それ以上によかったのは、女ばかりの家族の中で生きていた私に「お兄さん」的な存在ができたことです。学生だった先生は、うちに来る日はいつも夕飯をわが家で食べて帰りました。食事中、先生と私は勉強以外のいろいろな世間話をしましたし、家族とは話さないような男同士の会話もしました。そのことでますます私たちは親しくなり、勉強を教わる上での意思の疎通もスムーズになっていきました。

勉強というものは、わかればわかるほど面白くなっていくものです。私は先生のおかげで、いつのまにか勉強そのものが面白いと思えるほどになっていました。

もちろんこれは私の場合であり、すべての子どもに家庭教師が向くわけではないでしょう。自分一人でも意欲的に勉強にとり組める子もいますし、塾で友だちやライバルとわいわい勉強する方が好きな子もいます。

私の場合、家庭教師が合っていたのは、やはり先生が「お兄さん」のように思えたところに鍵があったように思います。

大きな「家族」で生きる時代には、私にとってのこの先生のように、勉強だけではない、プラスアルファのある家庭教師が、子どもたちに必要だろうと思います。映画もいっしょに行ってくれて、スポーツもいっしょに楽しんでくれて、何でも相談できる年上のきょうだいのような先生。きょうだいの少ない少子化の時代ですから、なおのことこうした存在が求められてくるのではないかと思うのです。

道徳やマナーなども教えてくれた、ヘレン・ケラーにとってのサリバン先生のような家庭教師も求められる時代でしょう。教育者という大上段に立っての存在ではなく、身近なカウンセラーとしての役割を担う家庭教師です。

私自身の経験から言うと、家庭教師の先生は同性がいいと思います。なぜなら、男女とも思春期になると、親にも友だちにも相談できないことがいろいろと出てくるからです。そんなとき家庭教師の先生は、頼りになる兄貴、姉貴となるでしょう。

私の考えでは、親と家庭教師の先生はあまり接触しない方がいいと思います。なぜなら、親と先生が話す光景は、子どもからはビジネスライクに見えてしまい、先生への親しみが損なわれてしまうからです。ですから親と先生は少なくとも子どもの前ではできるだけ顔を合わせず、大切なことのみ電話などで伝え合うようにして、先生は表向きは子どもとだけ絆を強めることが望ましいと思います。

★シルバー世代が若い親育てを

今の人たちは、未成熟なままいきなり親になってしまうので、育児ストレスや虐待などの問題が多発しています。

そこで、子どもだけでなく、親にも家庭教師のような存在が必要だと私は思っています。この場合は勉強を教える先生ではなく、家族的な感覚で、家事や子育てなどの相談に乗ってくれるカウンセラーのような存在です。

この世に最初から「親」という人はいるはずもなく、親は子育てという営みによってだんだん親になっていくものであることは、すでに書いたとおりです。

しかしそれにしても、現代の育児環境はお母さんたちにとって孤独すぎます。

昔は、多くの場合お年寄りが同居していて、いっしょになって子どもの面倒をみてくれましたし、子育ての知恵も授けてくれました。近所づきあいの中にも子育ての助け合いがありました。子どもが自分を親にさせてくれるだけでなく、たくさんの大人の応援もある中で、若い親たちは「親」になっていけたのです。

こうした人間関係が失われた今、残念なことに、昔からの子育ての知恵も伝わりにくくなってしまいました。

本やインターネットにも子育ての情報はあふれています。友だちと情報交換することもできるでしょう。けれども、世代の違う子育てのベテランから、マニュアルでない生きた知恵を直接聞くことには、ほかでは得られないよさがあるものです。

今こそ若い世代は、一世代も二世代も上の人たちの声に耳を傾けるべきときだと思います。シルバー世代は、リタイア後の人生をのんびり謳歌《おうか》している場合ではありません。大いにがんばって働いてもらわなければならないときです。

といっても、父母や義父母が遠くに住んでいる場合は、現実に今すぐ同居することは難しいでしょう。ここでもやはり「遠くの親戚より近くの他人」の発想が大切です。

ご近所に住むシルバー世代と若い世代同士が、日常的に語り合え、相談もし合えるような関係を作って管理する。そんな会社、団体、組織などが出てきてくだされば一番いいと私は考えます。自然にそういう関係ができていた昔とは違うので、ここは一つ、仕組み作りから始めなければなりません。町内会などがきちんと機能している地域なら心配ないかもしれませんが、特に今の都会にはそうでない町もたくさんあるはずです。家々の孤立化がすっかり進んでしまったような地域にまで、世代間の交流を生み出す仕組みを作れたら、それはすばらしい社会貢献の仕事になると思います。

小さな子どもはお年寄りが好きです。幼い時期にお年寄りと交流することは、感性を育む上でもとても大切です。また、世の中には寂しいお年寄りがたくさんいます。育児に戸惑う寂しい母親もたくさんいます。

どういう仕組みを作ったら、こうした人々の孤独な点と点を結べるのかは、私たちみんなの今後の課題だと思います。

★先生を育てる先生も必要

親と同様、学校の先生にもカウンセラーが必要です。

私のもとを今までに訪れた相談者には、実は学校の先生がとても多いのです。彼らは異口同音に「教員を続けていく自信がない」と悩みを訴えます。

確かに今の時代、先生という仕事にはとても苦労が多いようです。児童や生徒をちょっと叱《しか》っただけで「虐待だ」、「干渉だ」と親に言われるそうですし、親に意見すると何らかの仕返しをされることもあるそうです。各家庭でしつけや教育がきちんと行われていればまだいいけれど、決してそうではないのでなお大変です。

親たちは先生に対し、何かにつけて「先生ともあろう人が」、「先生なのに」という言い方をするようです。しかし、特にまだ大学を出たばかりの若い先生に対して、それを言いすぎるのはいかがなものかと思うのです。

先生という肩書きだけで「人格者」と思ってはいけないのです。先生になるまでに学校で受けてきた教育は、「人格者」になる勉強ではないのですから。

だから先生に期待するなと言いたいのではありません。一人の教育者になりたいと志した彼らのやる気を、周囲が「育てる」ことで、先生は、どんどんいい先生になっていくと私は思うのです。

親たちには、若い先生を信じ、一人前の先生に育て上げるための「母性」を、ぜひ持っていただきたいものです。文句や苦情を言うよりも、助言し、ときには相談に乗ってあげるぐらいの度量があってこそ、若い先生は立派に成長していけるのです。

すでに引退したベテランの先生方にも、若い先生育てにぜひ活躍していただきたいものです。豊かな経験と知恵を、ここでもう一度大いに生かしていただけたら、先生たちの行きづまりはずいぶん解消されると思います。

3　光から学ぶか、闇から学ぶか

★愉快犯にふりまわされて

先日、私の住む地域の小学校で、保護者が児童の送迎をするようにという指導がありました。理由は、何者かがインターネット上で「この地域の小学生を襲撃する」と予告したからとのことでした。

予告の主は、みずからのたましいの闇《やみ》を「犯行声明」のかたちでインターネットにぶちまけ、あわてふためく人々を陰で笑って見ているだけの「愉快犯」なのかもしれません。しかし本当に事件が起こってしまう可能性がゼロでない以上、学校も保護者も、真偽の定かでない匿名の情報にふりまわされ、防御策をとらざるを得ませんでした。

最近、このような事件が各地で多発しています。

匿名を隠れみのに、みずからの歪《ゆが》んだ心をためらいもなく垂れ流すような、幼稚な人間が増えているのです。誰にもわからなければいい、警察につかまらなければいいという考えなのでしょう。しかしこれは立派な犯罪です。この世で罪を問われなくても、みずからのたましいに、負の「因果《カルマ》」は永遠に刻まれます。

本書にもくり返し書いてきた「因果《カルマ》の法則」は、自分自身の思い、言葉、行為はすべて「因果《カルマ》」となり、いずれ必ず自分で責任をとらねばならなくなるという法則です。この世では最後まで隠し通せたことも、たましいには正確に過不足なく記録されていくのです。

この真理を、陰で笑っている匿名の犯人たちには、くれぐれも肝に銘じていただきたいと思います。

★このまま闇に向かうのか

人間は誰しも、「光」と「闇」のどちらも持っています。「天使」と「悪魔」と言い換えてもいいでしょう。

意地悪な心や煩悩《ぼんのう》といった闇を、まったく持たない人はいません。百パーセント光の人なら、この世に生まれてくる必要もなかったはずです。

私たちにとって大事なのは、いかに自分の内にある闇を抑えて光として生きるか。そして、闇を光に変えていくかです。

闇は、無理に抑圧したところで、闇のままです。心にふと闇が広がってきたときに私たちがすべきことは、慎みと理性をもって内観《ないかん》し、自分を諫《いさ》め、律していくことです。それにより闇は光に変わり、私たちのたましいは成長していけるのです。

ところが、くだんのインターネットの愉快犯のように、自分の闇を律するどころか、そのまま垂れ流すだけの人間が増えてしまったせいで、今はすっかり闇が優勢な世の中となってしまいました。

もちろん光の言葉、光の行動を見つけることもできます。しかしそれは、光がはっきりわかるほど、全体が闇になっていることの証《あかし》なのです。晴れた空に星の光を見つけることは難しくても、夜空に星の光を見つけるのは簡単なのと同じです。

このまま闇が広がるにまかせていいのでしょうか。

人間とは、光の中にいれば光に染まっていき、闇に入れば闇に染まっていきやすい生きものです。

たとえば、やさしい人たちの輪の中にいると自分も自然とやさしくなれます。「愛」と「真善美」にいつも浸《つ》かっていると、「愛」と「真善美」に満たされた人になれます。

逆に、意地悪な人に囲まれ続けていると、自分の意地悪な部分が引き出されます。闇がまわりの闇と感応し合い、知らず知らずのうちに闇の人となっていくのです。

今のまま行くと、闇の人ばかりがこの世に増えていくに違いありません。現に今、闇に引きずられる勢いは日増しに加速度がついています。

物質主義的価値観にもとづく「力」への崇拝。

「人霊《じんれい》」の誇りを失った「自然霊」的感性の蔓延。

まさしく地獄さながらの世が、すぐ先にも見えてきそうです。

あなたは大丈夫と言えるでしょうか。毎日、空気のように呼吸している物質主義的価値観の影響を、まったく受けていないと言い切れるでしょうか。

私たちは一人残らず、知らず知らずのうちに闇の勢いに呑《の》み込まれていきつつあるのです。そのことを自覚しなければなりません。

ただじっとしていれば、この勢いを誰かが止めてくれるということはないのです。

★私たちは今、岐路にいる

そうは言っても、完全に闇の人にはなりきれないのが人間です。

人はみな、「落ちこぼれの天使」だからです。

光に憧《あこが》れながら、闇に勝てない弱さを持つ、天使になりきれない天使。けれども神にとっては愛おしい子どもです。

神は決して私たちを見捨てたりしません。「因果《カルマ》の法則」により、私たちのどんなに小さな誤りも知らせてくれるのは、私たちが大きな誤りを重ねて闇に呑み込まれていかないようにという「愛」があってのことです。

誰のたましいにも「神我《しんが》」の光は宿っていて、それは永遠に消せないのです。百パーセント闇の人になることは絶対にありえません。もしあったら、それは「人霊」ではなくなるということです。人が人である以上、たとえ小さな一点となっても光は残り、闇の中でもがき苦しむものです。

人霊は、いつかはあらゆる闇に勝ち、百パーセントの光となって神のエネルギーと一体になることを約束された存在です。だからこそ、小さく残った光は、闇に圧倒されて苦しみながらも、がんばって輝きを絶やさずにいるのです。

仮に世の中がこのまま闇へと進み、地獄の様相をきわめたとしましょう。それでもその経験を学びとして、人霊は再び立ち上がり光に向かうことになるはずです。いずれ光に向かう私たち。ならば、今ここで立ち止まってよく考えるべきです。光の中で、光を学ぶのか。

闇の中で、光を学ぶのか。

人霊は今、そのどちらの道を選ぶのかという、きわめて重要な岐路に立っています。

★今こそ軌道修正を

第1章に書いた「光と闇の法則」を思い出してください。

どんな人生の学びにも二つの面があるが、真理が一つしかない以上、両面のどちらからでも同じことが学べるというものです。

光、もしくは愛を学ぶという、人霊の究極の学びにもそれはあてはまります。闇の中にどっぷり浸かることによっても、確かに光は学べるのです。今の勢いのままどんどん闇の世になり、みんなが苦しい思い、悲しい思いをたくさん味わって、叫び、傷つきながら学ぶこともできるのです。どん底で喘《あえ》ぎながら「違う！　これではいけない！」と、痛いほど思い知れば、光の方向へ軌道修正していけるのです。けれども同じ学びを光の中で果たせることも忘れてはいけません。私たちのたましいの中に光が残っている限り、たとえその光が小さくても、弱くても、光の中で学ぶ道を私たちは選択できるのです。私たちさえ望めば――。

私たちが光の方を選べば、小さく残った光はささやかな「愛」や「真善美」にも共鳴し、大きな光にふくらんでいくことでしょう。

この世が今どんなに深い闇に覆《おお》われていようと、私たちの気持ち一つで、まだ軌道修正に間に合います。

私のもとを今までに訪れた若い相談者たちを見ていてもよくわかります。彼らがいかに現代の物質主義的価値観の空気を吸って育っていようと、「大我の愛」のこもった言葉をかければ、あたたかい大粒の涙をこぼします。そして彼らのたましいの中の弱く小さかった光が、ぱぁっと輝きながら広がっていくのです。

彼らは乾いていたスポンジが一気に水を吸い込むように、ついさっきまで他人であった私から、これまで注がれてこなかった「大我の愛」をみるみる吸収していきます。そしてそれをきっかけに、表情も、目の輝きも、生き方さえ、みごとに変わることがあるのです。

若い相談者たちのそんな姿を見るにつけ、私は、人霊が「愛」や「真善美」をとり戻すのに手遅れということはないのだと教えられます。

今こそ軌道修正して、光に向かっていきましょう。

子どもたちが、小さな身をもって、そのことを大人たちに促《うなが》しています。

物質主義的価値観にまみれて「自然霊」化し、残虐化し、ひきこもり、みずからの命を粗末に扱う姿を見せながら、彼らはみずからが救われたいとSOSを出しているだけでなく、世の中全体に大音量の警報を鳴らしつづけているのです。

「このままでは、とんでもない世の中になるよ！」

「なんでこうなっちゃったのか、一刻も早く気づいて！」

彼らの精いっぱいのSOSを、あなたは無視できるでしょうか。

あとがき

私の生い立ちは波瀾万丈であったといえるでしょう。幼き頃に父を亡くしたため、母が、その約十年後に亡くなるまで、父の代わりとなりました。そこで、幼少期の私を育ててくれたのは、祖母でした。父が亡くなり、母が働かなければならなくなったとき、私はしばらくのあいだ、祖母の家に預けられたのです。

もちろんそうした現実は寂しいものではありましたが、祖母とのゆったりとした時間は、今では大切な思い出となっています。東京の下町で暮らした日々は、つらい現実の中にあっても、愛にあふれた大切な家族の、限りある時間でした。祖母との暮らしの中で、私は大切な感性を育てられました。

「神様は見ている」、「自分がしたことは自分に返る」、そして「そんな悪い言葉を口にしていると、本当にそうなってしまうよ」。祖母はよくこのように私に教え、目に見えないものに対する敬意を育《はぐく》んでくれたのです。

私が悪いことをすれば、祖母は「お父さんの写真を見てみなさい。お父さんどう思っている」と私に問いかけました。そんなとき私は、幼いながらも自責の念を覚え、父の写真を見るのが怖かったものでした。父の顔は、怒っているようにも、悲しんでいるようにも見えました。

祖母はそうした「心の対話」を、私の中に大切に育んでくれたのです。

私が成長し、誰の言うことにも歯向かう反抗期にいたっても、この感性は私の中で生きつづけました。母や祖母は騙《だま》せても、目に見えない存在だけは騙せないと、みずからの心をつねに軌道修正していました。

祖母の教えは、お正月のお飾りから庭の木を伐ることにいたるまで、日常の暮らしのすみずみにいきわたっていました。それらを今ふり返ると、スピリチュアルに見ても迷信としか言えないこともあります。しかし私は今でもときどき、そんな素敵な迷信のあれこれを思い返すのです。

お盆は、わが家にとって、父のたましいを迎える大切な行事でした。現実にはもう父は存在しなくても、「自分には父がいる」と認識させられ、心強くなれる時間でした。古式ゆかしい行事は、見えない世界に対する敬意に満ちあふれ、幼な心にも神秘的に感じられました。霊的な世界を認知する能力をもともとそなえていた私ですら、あたかも生身の父がすぐそこにいて、相対しているような錯覚を起こしてしまうほどでした。

目に見えない存在に対する敬意は、現代では忘れ去られていく一方です。もちろん、迷信に翻弄《ほんろう》されてばかりいた時代を思えば、それは良きことかもしれません。しかし人間にとって大切な「良心」を育てるためには、そうした感性も大切に残していくべきだと私は思うのです。

スピリチュアル・カウンセラーとして生きる今も、「正直に真面目《まじめ》に努力して生きていれば、神様は見ているから報われる」といった言葉は、私にとって日々の励ましとなっています。私がスピリチュアリズムを受け容れられたのも、祖母に育まれた感性が土台としてあったからなのでしょう。

今は、「誰も見ていないからいいや」と平気で悪戯《いたずら》を働く輩《やから》が多い時代。ディベートで勝てば、どんな悪も善となる時代。だからこそ「誠の正義は必ず報われる」といった霊的価値観は、良心ある人々への大きなエールでありつづけることでしょう。

自画自賛のようですが、わが母は美的感性を大切にする人でした。決して豊かではない生活でしたが、常にエレガントに生きる姿勢だけは持ちつづけた人でした。余暇に劇場に足を運んでは、文化を楽しむことの大切さを、私に教えてくれました。

マナーも大切にする人で、所作、身のこなしなどの教育にはとても熱心でした。小学校高学年のある日、母は、私だけを食事に連れ出しました。いったい何のためかと不思議に思っていたら、テーブルマナーを教えるためでした。豊かではないわが家ですから、行った先は、安い下町の洋食屋さんでした。そこでハンバーグを注文し、テーブルマナーにしたがって食べさせられたことは、今でも忘れられない思い出です。

母は、決して強要する教え方はしない人でした。何ごとも理由なく押しつけることはなく、どんなときにも、その理由を必ず合点がいくように説明してくれました。

このときも「エレガントな振る舞いは、心を豊かにするし、心の姿勢も表れる」、「美しいマナーは、相手の心も喜ばせる」など、納得のいく理由を説明しながら語り合う、楽しい時間でありました。

食堂に留まらず、母は至るところで、良いお手本になる人やものを見つけると、その場で教えてくれました。悪い見本も、やはり見かけたその場で教えてくれました。

母が教えてくれたマナーは、決して虚栄心からではなく、美的感性が元となる導きでした。だからこそ、納得がいき、素直に吸収できたのだと思います。

今の時代、物質主義的価値観の虚栄心によるエレガントさを求める傾向が強いので、高価なブランド品を身につけながらも、中身のエレガントさがともなわない人をよく見かけます。そうした人たちは、私にはかえって下品に思えてなりません。大人がそうなのですから、駅の構内で、きれいな格好をしながら地べたに平気で座る若者たちがいても、何の不思議もないのです。

私はここで何も、自分が受けてきた育てられ方が良いと自慢したいわけではありません。私だけでなく、かつての日本人はみな同じ感性であったと思うのです。ご高齢の方と接すると、真のエレガントさを重んじていた時代を、強く感じることができます。

私たち日本人が育んできた美的感性と文化。「真善美」を重んじる心。そのたましい（スピリット）をもう一度とり戻さねばならないと、今、強く思うのです。

日本人は何でも学び上手です。そして、学びのための努力を惜しまない勤勉さがあります。戦後の日本は、たくさんの外国文化をとり入れ、吸収しました。すばらしいことです。しかし今では、結局かたちしか求めてこなかったのかと思わずにいられません。物質的な急成長を遂げてきたあいだに、たましいをどこかに置き忘れてきてしまったのではないでしょうか。

日本の文化には、古《いにしえ》より、道（たましいの哲学）が存在します。華道、茶道、剣道、柔道。その他「道」のつく世界にはすべて「生き方」があるのです。「道」とは、生き方であり、生きる哲学なのです。日本人は、さまざまな学びの中にも、つねに深い「内観《ないかん》」という、人生の学びもともに行っていたのです。これらのすばらしい日本人の哲学こそ、今後、大切に残していくべきでしょう。

子育て道、仕事道、恋愛道、結婚道。

さまざまなことがらを「道」として受け容れることこそが大切であると思います。

日本が明るい未来を歩むために、本書が、ほんの少しでもお役に立てれば幸いです。

また一人でも多くの人が、本書により心を救われることを切に望みます。

最後にまたお願いです。大切なのは行動、実践なのです。もし本書により、たとえ一つでも納得のいくことがあったならば、どうかその実践をなさってください。

みなさん一人ひとりの、真の道を求める実践こそが、世の中を幸せにするのです。

江原啓之

※現在（二〇〇九年二月）、個人カウンセリングおよび
手紙やお電話での相談はお受けしておりません。

本書は二〇〇四年九月、集英社より刊行されました。
JASRAC　出0900477-901

集英社文庫 目録（日本文学）

集英社文庫　目録（日本文学）

集英社文庫　目録（日本文学）

集英社文庫　目録（日本文学）

集英社文庫

子《こ》どもが危《あぶ》ない！　スピリチュアル・カウンセラーからの警鐘《けいしょう》

2009年2月25日　第1刷　　　定価はカバーに表示してあります。

著　者　江原啓之《えはらひろゆき》
発行者　加藤　潤
発行所　株式会社 集英社
東京都千代田区一ツ橋2-5-10　〒101-8050
電話　03-3230-6095（編集）
03-3230-6393（販売）
03-3230-6080（読者係）
印　刷　大日本印刷株式会社
製　本　ナショナル製本協同組合

フォーマットデザイン　アリヤマデザインストア　　マークデザイン　居山浩二

ISBN978-4-08-746400-9 C0195